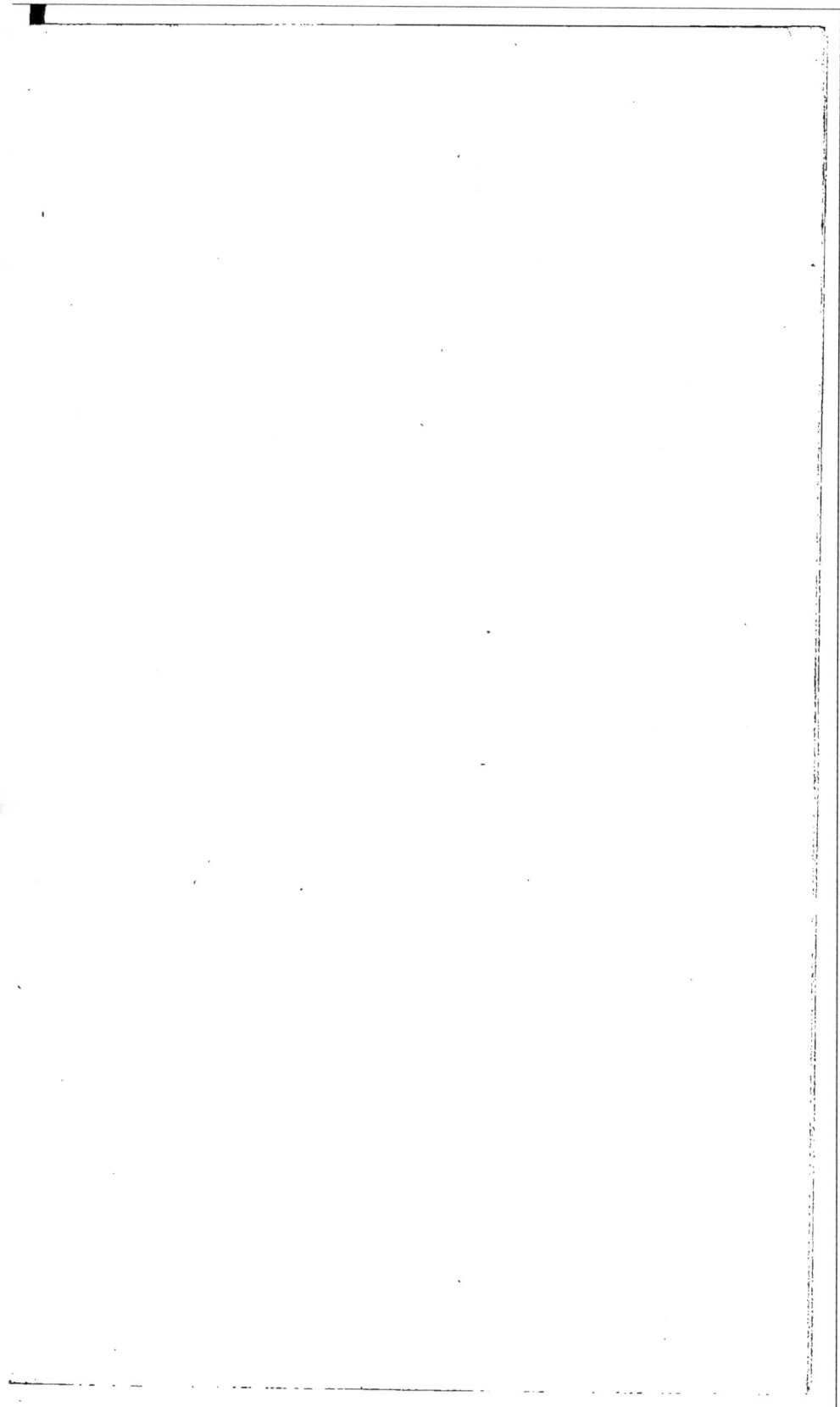

RELATION

DE LA

DÉFENSE DE TORGAU.

PARIS. — IMPRIMERIE DE BOURGOGNE ET MARTINET,
rue Jacob, 30.

RELATION

DE LA

DÉFENSE DE TORGAU

PAR LES TROUPES FRANÇAISES,

EN 1813;

SOUS LES GÉNÉRAUX DE DIVISION COMTE DE NARBONNE ET COMTE DU TAILLIS.

PAR

Le lieut.-col. du génie **Augoyat**.

AVEC UN PLAN.

PARIS,

CHEZ LENEVEU, LIBRAIRE POUR L'ART MILITAIRE,
RUE DES GRANDS-AUGUSTINS, 18.

1840.

RELATION

DE LA DÉFENSE DE TORGAU

PAR LES TROUPES FRANÇAISES EN 1813;

AVEC UN PLAN.

Les troupes françaises renfermées dans Torgau , en 1813, ont supporté de grandes privations, et ont été atteintes d'une épidémie qui faisait dans leurs rangs des ravages effroyables, tels que l'histoire des calamités humaines en offre heureusement peu d'exemples (1). Au milieu de tous ces maux , elles ont soutenu un bombardement et un siége, et ont prolongé leur résistance jusqu'au terme que les forces humaines permettaient. L'idée de consacrer une relation détaillée à une défense aussi honorable nous a été suggérée par un ouvrage allemand (2) que son auteur a destiné à servir à l'histoire de Torgau en 1813. L'autorisation qui nous a été accordée de consulter les rapports officiels recueillis au Dépôt de la guerre nous a mis à même de l'exécuter.

(1) Histoire médicale du siége de Torgau en Saxe, par le chevalier Masnou, médecin ordinaire des armées, faisant fonction de principal, in-8 de 78 pages. Cet opuscule se compose de deux rapports très étendus adressés au baron Desgenettes, et d'extraits de la correspondance de cet inspecteur-général sous forme de notes.

(2) Nachrichten über die blockade und belagerung der Elbe-und-Lan-

§ I.

Construction de la place ; — sa destination en 1813 ;
— travaux que l'on y exécute ; — force de sa garnison ;
— son armement ; — ses approvisionnements.

Par un édit du 29 novembre 1810, provoqué par
l'empereur Napoléon, le roi de Saxe, Frédéric-Auguste, donna des ordres pour faire de Torgau une
place forte. Depuis long-temps cette ville était considérée comme ville ouverte. On ne pouvait en effet
donner le nom de fortifications à ce qui restait de son
ancienne enceinte; ainsi tout était à créer. Les officiers du génie saxon, colonel Lecoq et major Tépel,
chargés de faire les projets des nouveaux ouvrages, s'y
rendirent sur-le-champ. Six bataillons y arrivèrent
dans le mois de mars 1811, et le 1er avril les travaux
commencèrent; ils furent poussés avec une telle acti-

desfestung Torgau im jahre 1813. Renseignements sur le blocus et le
siége de Torgau en 1813, pour servir à l'histoire moderne de cette ville,
et à celle des places allemandes dans cette année mémorable ; puisés à des
sources certaines, par J.-C.-A. Bürger, diacre de l'église de Torgau ; petit
in-8. XXVIII et 164 pages. Torgau, 1838 ; se vend chez l'auteur, 15 sil-
bergros, ou 1 fr. 80 c.

vité, qu'il semblait que l'on prévît les prochains événements qui devaient en rendre l'achèvement si urgent. Peu à peu toute l'infanterie de l'armée saxonne
finit par y être employée, indépendamment de plusieurs centaines de maçons, de charpentiers et de
manœuvres. On n'épargnait point l'argent; on paya
trois millions de francs la valeur des maisons des fau-
bourgs que l'on démolit et des terrains qu'il fallut
acquérir pour l'assiette des fortifications. A la fin de
1812, Torgau avait une enceinte, des fossés et des
ouvrages extérieurs.

L'enceinte consistait en sept fronts bastionnés et
une gorge de l'étendue de deux fronts, couverte par
l'Elbe, dont les bords sont contigus à la ville. Le côté
des fronts était de 340 à 350 mètres. Les fronts 1 — 2
et 2 — 3, en amont de la place, regardent le sud; les
deux fronts suivants l'ouest; le front 5 — 6, le nord-
ouest; les deux derniers fronts, le nord; le front 3 — 4,
sur lequel est la porte de Dresde, celui 4 — 5 sur lequel est la porte de Leipzig qui est commune à la
route de poste de Wittenberg, et le front 6 — 7 sur
lequel est une autre porte, étaient tous trois couverts
par des demi-lunes. Les bastions 1 et 8 renfermaient des
cavaliers. La gorge n'était fermée par un parapet que
sur une partie de sa longueur.

Les fossés de la place devaient être revêtus, mais
aucune maçonnerie n'était commencée. Les Français
les approfondirent et les remplirent d'eau, tirée d'un
grand étang dont nous parlerons.

Torgau est bâti sur la rive gauche de l'Elbe, dans
une plaine sablonneuse. Au sud sont plusieurs étangs,
dont le plus voisin de la place couvre les fronts 1 — 2
et 2 — 3 et les met hors d'attaque. A 1,400 mètres du

bastion 3, dans la direction du sud-sud-ouest, est le *gross-teich* ou le grand étang, incomparablement plus grand que tous les autres. L'excédant de ses eaux forme le Schwarz-Wasser, petit cours d'eau qui passe au pied des glacis des fronts 3 — 4, 4 — 5, et va se jeter dans l'Elbe, près du village de Répitz, à 2,000 mètres du bastion 8, dit le bastion de Narbonne. Situé sur la rive gauche du Schwarz-Wasser, le long faubourg de Dresde s'étendait depuis la porte de ce nom jusque près des écluses du grand étang, où était une scierie. Une partie en avait été démolie.

Les ouvrages extérieurs de Torgau sur la rive gauche de l'Elbe, étaient le fort Zinna, le fort Mahla et les lunettes Répitz et Loswig; sur la rive droite, la tête de pont et les lunettes Zwethau et Werda. A 500 mètres du bastion 6, le terrain se relève et forme dans la direction nord-ouest un rideau très prononcé, sur lequel on avait construit le fort Zinna et le fort Mahla.

Le premier, situé à 1,000 mètres de la place, était un carré bastionné de 250 mètres de côté. Le front 1 — 4, tourné vers la place, et sur lequel était l'entrée, n'avait d'autre défense que son fossé. Les fronts 1 — 2, 2 — 3 étaient couverts par des demi-lunes et enveloppés d'un chemin couvert. Le front 3 — 4 qui pouvait être flanqué de la place par le bastion 5, n'avait pas de dehors.

Le fort Mahla, situé à 500 mètres du bastion 6 et à 750 mètres du fort Zinna, était un bonnet de prêtre, dont le côté du front avait 240 mètres de longueur et les branches 60 mètres. Il était enveloppé d'un chemin couvert. La gorge était bastionnée, et elle avait un fossé, mais elle n'avait pas de parapet.

La lunette Répitz, à 600 mètres du bastion 8, et la

lunette Loswig, à 400 mètres du bastion 1, étaient destinées l'une et l'autre à voir les bords de l'Elbe.

La lunette Zwethau et la lunette Werda sur la rive droite, l'une en aval, l'autre en amont, avaient la même destination.

La tête de pont était un couronné composé de trois fronts bastionnés, et dont la gorge, un peu éloignée de l'Elbe, était formée par deux autres fronts ayant fossés, rempart et parapet. La sortie du fort était couverte par un ravelin ou petite demi-lune. Les fossés étaient assez profonds pour avoir de l'eau; mais elle était plus ou moins haute, suivant le niveau de l'Elbe, attendu qu'elle surgissait de fond.

Le pont sur l'Elbe était un pont couvert en bois, avec un pont-levis au milieu de sa longueur.

La population de Torgau est d'environ 5,000 âmes. A l'exception d'une petite place publique, tout l'espace qui est ceint par les remparts est occupé par les maisons au nombre de 557. Devant le débouché du port est un ancien château qui renferme plusieurs bâtiments appartenant au gouvernement. Au-delà du grand étang est la forêt de Bennewitz. Le fort Zinna, le fort Mahla et les quatre lunettes tirent leurs noms de villages qui en sont plus ou moins éloignés. Loswig, au sud de la place, en est distant de trois kilomètres.

On ne pousse pas les travaux en 1813 avec une grande activité par défaut de fonds; on s'occupe d'armer la place et de la mettre en état de défense dans l'état où elle se trouve. Le général-lieutenant de Zeschau, qui y commande, prend en février différentes mesures qui s'accordent avec ces dispositions. Il prévient les habitants qu'ils aient à s'approvisionner de vivres pour deux mois; il leur fait retirer les armes de toute

espèce qu'ils peuvent avoir, et requiert pour être transformés en hôpitaux militaires tous les bâtiments d'un
ancien couvent dont le collège fait partie. A la fin de
février, il est remplacé par le général-lieutenant, baron
de Thielmann, qui reçoit ordre de prendre le commandement par intérim, et de le remettre au général
Reynier qui doit revenir de l'Oder ou à celui que le
général français désignera.

Le général Thielmann montre par toute sa conduite
qu'il est ennemi de la domination française, et rend publique sa résolution de ne nous recevoir à Torgau dans
aucun cas. Lorsque, le 9 mars, un corps de 4,000 hommes, coupé de l'armée du vice-roi, se présente devant la
tête de pont, et demande à traverser la ville, il fait construire un pont de bateaux sur l'Elbe pour lui donner
passage plutôt que de le laisser entrer dans la place.
A la même époque, il refuse d'y admettre un régiment français qui y était envoyé de Wittenberg pour
renforcer la garnison. Le 21 mars, il ne veut pas dé-
férer à la demande du maréchal Davout, qui était
venu en personne à Torgau pour en retirer les troupes
saxonnes, et les remplacer par des troupes françaises.
Le roi de Saxe, qui avait quitté son royaume à l'approche du flot des armées russes et prussiennes, et qui
était alors à Ratisbonne, donne son approbation à la
conduite du général Thielmann dans les termes les
plus explicites. Il lui écrit le 8 avril : « La fermeté
avec laquelle vous avez repoussé les propositions qui
vous ont été faites, propositions inconciliables dans
les circonstances présentes avec la conservation de mes
États, remplit mes intentions. Je compte sur vous
pour persévérer dans cette ligne de conduite.»

Le 27 mars, la garnison de Torgau est renforcée par

2,000 hommes de troupes saxonnes, qui, par ordre du roi, s'étaient séparées du 7e corps français. Il est manifeste que Frédéric-Auguste veut suivre l'exemple de la cour de Vienne et tâcher de rester neutre. Le 19 avril, il écrit à Thielmann : « Ma volonté est que vous vous appliquiez avec le plus grand soin à maintenir l'indépendance de Torgau, à l'égard d'un chacun, et que vous n'ouvriez les portes de la place que sur mon ordre, d'accord avec l'empereur d'Autriche. » Le 3 mai, il lui écrit de Prague : « Quoique je vous aie fait connaître mes intentions par ma lettre du 19 avril, je crois devoir ajouter, pour éviter tout malentendu, que dans le cas où le sort des armes ramènerait les armées impériales françaises sur l'Elbe, vous ne devez pas les recevoir dans Torgau. »

Le 2 mai, les armées ennemies sont vaincues à Lutzen. Le 7, le général Reynier, qui précédait le corps d'armée du maréchal Ney, se présente avec environ 15,000 hommes devant Torgau, et somme Thielmann, non seulement d'en ouvrir les portes, mais d'en faire sortir la garnison. Le général saxon oppose à cette sommation les ordres récents de son souverain et refuse. Enfin, le 10, sur un ordre de Frédéric-Auguste, il rend la place au général Reynier; et mettant sa haine pour la domination française avant ses devoirs, il donne le premier aux Saxons l'exemple de la défection, en passant le soir avec son chef d'état-major, dans les rangs ennemis.

Le général Reynier ne laisse dans Torgau que les corps saxons de l'artillerie et du génie et deux bataillons de troupes de la même nation. Dans le mois de juillet, ces deux bataillons sont relevés par 1,300 hommes de troupes westphaliennes qui y restent jusqu'au

14 septembre. Le général de gendarmerie, comte Lauer, Hollandais, est nommé gouverneur de la place, et le colonel baron de Vernon (l'ancien professeur de fortification à l'école polytechnique) en est nommé commandant. L'un et l'autre, suivant Bürger, se montrent conciliants dans les relations qu'ils ont avec les habitants, et les traitent avec beaucoup de ménagement. On commence dans plusieurs ouvrages des murs en pierres sèches destinés à porter les poutres de blockhaus. On construit au pied du talus des remparts des blindages inclinés les plus simples possibles. Napoléon profite du temps que lui laisse l'armistice qui a été conclu après la bataille de Bautzen, pour visiter les places de Torgau et de Wittenberg. Il arrive le 10 juillet dans la première, s'entretient particulièrement avec les officiers saxons, et donne à plusieurs d'entre eux la croix de la Légion-d'Honneur, faible moyen pour retenir une fidélité chancelante.

Le 19 juillet, le gouverneur reçoit l'ordre de préparer des bâtiments pour 3,000 malades et 1,000 convalescents qui doivent être évacués de Dresde sur Torgau. Les hôpitaux qui existaient suffisaient à peine pour 2,000 hommes. On affecte à cette destination les églises de la ville, à l'exception d'une qui est d'abord réservée pour le service divin; mais qui, après la bataille de Dennewitz, est également transformée en hôpital. On établit dans toutes des étages de planchers pour augmenter la place dont on pouvait disposer; malgré cela elles ne suffisent pas dans la suite. La reprise des hostilités met le comble aux difficultés que les habitants éprouvent pour s'approvisionner de farines, parce que tous les moulins sont requis à cette époque pour les besoins de l'armée.

Les trois corps français qui ont combattu le 6 septembre à Dennewitz près de Jüterbogk, sur la route de Wittenberg à Berlin, se retirent le lendemain sur Torgau : le 4ᵉ corps, par Dahme, détruisant sur sa route les ponts d'Herzberg et d'Annaburg sur la Schwarze-Elster ; le 7ᵉ et le 12ᵉ corps, directement, par Brandis, Löben et Zülsdorf. Le 8, toute la cavalerie, l'artillerie et les équipages repassent l'Elbe au-dessous de Torgau, avec l'infanterie des 7ᵉ et 12ᵉ corps. Pendant cette opération, le 4ᵉ est en position entre la tête de pont et la lunette Werda. Il passe à son tour sur la rive gauche. Le maréchal Ney se porte à Wurzen, dans la direction de Leipsig, et revient le 11 à Torgau où il a son quartier-général jusqu'au 22. Il remplace le général Lauer par le général Brun de Villeret (1), qui commandait une brigade du 12ᵉ corps, et auquel il donne des instructions conformes aux circonstances. Par ses ordres, le colonel Girod de Novilars, chef de l'état-major du génie du 4ᵉ corps, prend le commandement du génie dans la place.

Le général de division, comte de Narbonne, aide-de-camp de l'empereur, ancien ministre de Louis XVI, y arrive le 14 en qualité de gouverneur. Il fait publier le décret de Sa Majesté, qui fait de Torgau le dépôt central de l'armée, et donne à tous les services l'organisation que rend nécessaire cette destination. D'après ce décret, que M. le général Pelet a fait connaître dans ses articles insérés dans ce Recueil (2) sur la campagne de 1813, le général Lauer est nommé commandant de tous les dépôts des corps de la grande armée dans la

(1) Aujourd'hui lieutenant-général, pair de France.
(2) *Spectateur*, tome 1ᵉʳ, page 363.

place, et le général Brun, commandant des troupes
faisant le service; l'artillerie et le génie de l'armée
doivent prendre respectivement le service de leur arme
qui est encore entre les mains des officiers saxons; les
commandants de ces deux armes doivent avoir sous
leurs ordres chacun un chef de bataillon commandant
en second; tout ce qui sera dirigé de France pour les
différents corps de la grande armée doit l'être désor-
mais sur Torgau, régiments, bataillons, escadrons
et compagnies provisoires; enfin, il doit y avoir à
Torgau des hopitaux pour 6,000 malades ou blessés.

Pour satisfaire à cette dernière disposition, on ajoute
aux bâtiments qui avaient déjà été transformés en hôpitaux, la maison de ville, les greniers à blé, le château, une partie du magasin des vivres, et le grenier
au-dessus de la grande écurie royale (1). Le 10 octobre on fait évacuer par les habitans dans les vingt-quatre
heures, 82 maisons qu'on désigne, et qui doivent servir, les unes de casernes, les autres d'hôpitaux.

Les commandants en second sont pour l'artillerie le
major Mouchel et pour le génie le chef de bataillon
Marcelot (2). Une blessure empêche le commandant en
chef de l'artillerie, le lieutenant-colonel de Coston, de
remplir activement ses fonctions. Les troupes sous ses
ordres, tant canonniers que pontonniers, montent

---

(1) 197 infirmiers étaient attachés aux hôpitaux du château, n° 1;
55 à ceux de la maison de ville, n° 2; 41 aux églises, n° 3; 29 à l'hôpital
des Saxons, n° 4; 78 à l'hôpital du grand magasin des vivres, n° 7.

(2) Le commandant Marcelot (Jean), qui sera cité plusieurs fois dans
cette relation, est mort en 1821 à Montmédy où il était chef de place. Il a
consigné dans quelques mémoires peu connus des idées ingénieuses sur
la fortification.

à 656 hommes français et saxons. Le colonel de Novilars parvient en recrutant des hommes dans les corps
à avoir une compagnie de 150 sapeurs.

En quittant la place, le maréchal Ney emmène avec
lui tous les hommes qui peuvent marcher. Il n'y reste
que des hommes malingres ou convalescents appartenant aux 1er, 2e, 3e, 4e, 5e, 6e, 7e, 13e et 14e corps
de la grande armée, et quelques uns à la garde impériale. Le général Lauer les répartit par compagnies
et bataillons qu'il organise.

Un des premiers soins du commandant du génie
est de faire enlever la lourde charpente qui couvre le
pont sur l'Elbe, et qui, par son élévation, est en
prise aux batteries ennemies. La conservation de ce
pont, la seule communication qui lie les deux rives du
fleuve, étant très importante, on construit une forte
estacade destinée à arrêter les brûlots et les moulins sur bateaux que l'ennemi pourrait abandonner
au courant pour tâcher de le détruire. Suivant Bürger,
le gouverneur s'occupe, dès cette époque, d'organiser
une compagnie de pompiers choisis dans la bour-
geoisie. Cette compagnie, de laquelle on est, d'après
sa composition, autorisé à attendre quelque service en
cas de bombardement, n'en rend aucun au moment
du danger. Cette expérience et d'autres semblables
qui n'ont pas eu un meilleur résultat, montrent qu'il
ne faut pas compter sur le secours des habitants pour
sauver leurs propres maisons des ravages du feu dans
les places assiégées.

Par sa position sur la rive droite du fleuve, la tête
de pont était l'ouvrage le plus exposé aux attaques de
l'ennemi : aussi, dès le mois de septembre, elle avait
été fraisée. On achève le ravelin qui couvre la porte sur

la campagne. On commence deux coupures entre sa gorge et les bords de l'Elbe pour assurer sa communication avec la place. Enfin, on construit dans l'intérieur deux blockhaus en pierres sèches adossés à la gorge et crénelés. Ils doivent servir à mettre à l'abri une partie de la garnison, et, dans le cas d'une évacuation forcée, à faciliter la retraite des défenseurs en empêchant l'ennemi de les suivre sur le pont. Les hommes laissés dans ces blockhaus eussent été à la vérité abandonnés, parce que tout retour offensif pour les ramener eût eu peu de chances de succès.

On s'occupe en même temps de fraiser et palissader les lunettes Zwethau et Werda, et d'y construire des réduits défensifs en charpente.

De grands travaux étaient à exécuter sur la rive gauche, tant au corps de place qu'aux ouvrages extérieurs. Il était urgent de mettre le fort Zinna à l'abri d'une surprise et d'une attaque de vive force. On fait disparaître les couverts nombreux qui étaient en avant de ce fort; on achève de palissader son chemin couvert; on escarpe les talus de ses fossés; on fait dans ceux-ci des doubles caponnières en palissades pour communiquer aux demi-lunes.

Le poste de la Scierie, qui sert à couvrir la prise d'eau du Schwarz-Wasser, ne consistait au commencement de septembre que dans une ligne de palanques, coupant la digue du grand étang, la route de Belgern sur laquelle était une barrière, et s'appuyant à l'étang qui est au-dessous. On convertit une partie de la palanque en épaulement pour une pièce dont le service exige une embrasure, et par conséquent dans la palanque une ouverture nuisible; on ferme entièrement le poste; on y construit un blockhaus, et on y fait quelques autres dispositions intérieures. Mis dans cet état, on y affecte une garde de 150 hommes.

Dans la place, il est nécessaire d'élargir les terrepleins en beaucoup d'endroits, de répaissir les parapets, de terminer les portes et les poternes, de faire des ponts-levis et des barrières, de fermer la gorge du côté de l'Elbe, de construire des fours, des blindages, etc. Il est surtout essentiel, pour n'être pas exposé à subir les conséquences d'une attaque de vive force, d'approfondir les fossés de la demi-lune de la porte de Leipsig, qui sont encore à sec. Tous ces travaux auraient été au dessus des forces de la garnison, telle qu'elle était composée, si une circonstance que nous rapporterons bientôt n'eût fait entrer de nouvelles troupes dans la place.

Après la bataille de Dennewitz, un corps d'observation prussien nombreux, commandé par le général Wobeser, s'était approché de la tête de pont, avait coupé les communications de la rive droite, et rendait difficile aux convois venant de Dresde la navigation de l'Elbe. Le village de Kreyschau masque la position qu'il occupe. Le 1er octobre, le gouverneur fait tirer sur Kreyschau de la tête de pont et du bastion n° 8; mais soit que ce village fût trop éloigné des ouvrages, soit, ce qui a été prétendu, que la poudre saxonne dont on se servait fût de mauvaise qualité; ayant été renfermée long-temps dans des magasins humides, nos projectiles produisent peu d'effet. Le général Brun de Villeret fait une sortie, et incendie une grande partie du village vers une heure après-midi. Le 3, l'armée de Silésie passe l'Elbe à deux lieues au-dessous de Wittenberg près de Wartenburg, et pousse des partis jusque devant Torgau. Le 4, l'en-

nemi détruit les blockhaus de Neiden et de Süptitz (1)
qu'on avait abandonnés, et le 5, il occupe par des
avant-postes les villages de Welsau et de Zinna. On fait
rentrer dans la place le foin et les meilleurs chevaux
du haras royal de Répitz. Le tribunal de justice saxon
transporte son siége à Belgern.

Regardant dès lors la place comme investie, M. de
Narbonne écrit le 8 aux magistrats de la ville qu'il
juge de son devoir et de l'intérêt public de s'attribuer
tous les pouvoirs d'un gouverneur de place assiégée,
et qu'à dater de ce jour toutes les autorités et administrations quelconques de la ville seront tenues de lui
rendre compte de tous leurs actes, et de prendre ses
ordres sur toutes les parties du service. « Cette mesure,
dictée par les circonstances, ajoutait-il, n'a rien qui
doive effrayer. Vous pouvez assurer MM. les adminis-
trateurs qu'ils me trouveront toujours disposé à les
seconder toutes les fois qu'il s'agira du bien public, et
que mon plus grand désir est d'alléger autant qu'il sera
en mon pouvoir les charges que l'état des choses fait
nécessairement peser sur les habitants. J'espère, mes-
sieurs, être secondé par vous; c'est en nous faisant
fournir d'une manière régulière ce qui est nécessaire
à nos besoins que vous soulagerez réellement vos ad-
ministrés. Vous leur éviterez les maux inséparables
des moyens militaires, dont je serai forcé de me servir, si je ne trouvais pas dans votre bonne volonté les
ressources dont je puis avoir besoin.»

Le gouverneur continue à prendre toutes les me-

(1) Ces blockhaus faisaient partie d'une ligne d'ouvrages de cette espèce
établis près des bords de l'Elbe, pour protéger les convois par eau, entre
Dresde et Wittenberg.

sures que lui prescrivent ses devoirs. Le 12, il fait écrire
au premier magistrat, par son chef d'état major, ce
qui suit :

« Monsieur, il est nécessaire à la sûreté de la place
que les lois et usages concernant le voisinage des places
fortes soient exécutés. Vous voudrez donc bien ordonner à tous les propriétaires des arbres et haies qui
avoisinent la place à une distance de 500 toises des palissades de les faire couper et abattre. Il faut faire com-
mencer par ce qui est le plus près de la ville. Il sera
seulement nécessaire de porter à 200 toises du poste
des écluses les coupures et abatis ordonnés pour la
place.

» Vous voudrez bien faire connaître aux habitants
que cette mesure doit être effectuée dans les cinq jours ;
si à cette époque elle ne l'était pas, les arbres seraient
coupés au profit des soldats qui en seraient chargés.
J'aurais pu prendre tout de suite ce parti ; mais j'ai
jugé devoir au bien-être des habitants de leur laisser
couper ces arbres à leur profit. »

Il ordonne, par un arrêté, que les cafés, cabarets,
restaurants soient fermés à sept heures du soir, qu'on
ne circule pas dans la ville sans lanterne après huit
heures, que les habitants entretiennent la propreté des
rues avec le plus grand soin, chacun devant sa maison, et en fassent enlever les immondices dans les
vingt-quatre heures. Passé ce temps, elles sont enle-
vées à leurs frais par des soldats, dont la journée est
taxée à 60 centimes.

Il requiert 3,000 couvertures de laine, 1,000 bottes
de paille, quantité de bandes et de charpie pour les
blessés, dont le nombre s'est considérablement ac-
cru par les convois qui avaient été évacués sur Torgau,

comme dépôt central de l'armée. Les derniers de ces
convois, expédiés de Dresde par eau, le 10 octobre,
sont obligés, par le feu de l'ennemi qui est posté sur la
rive droite de l'Elbe, de s'arrêter à Riesa, où ils lais-
sent 1,600 malades et blessés, que des voitures trans-
portent à Torgau. L'artillerie fait sauter à la même époque un convoi de bateaux chargés de munitions de
guerre et d'attirails d'armes. Les détachements qui
l'escortent, épars sur les bateaux, ne peuvent oppo-
ser à l'ennemi un feu supérieur capable de l'éloigner.

Lorsque, le 13 octobre, l'empereur avait quitté Du-
ben pour revenir sur Leipsig, il avait donné l'ordre
à l'équipage de pont, aux parcs d'artillerie et du génie
ainsi qu'au grand quartier-général administratif, qui
était sous les ordres du général Durrieu (1), de se rendre à Eilenburg, sur la Mulde, entre Leipsig et Torgau, à peu près à égale distance de ces deux villes. Le
général Durrieu devait se tenir prêt à rejoindre la
grande armée aussitôt qu'il en recevrait l'ordre. La
bataille de Leipsig perdue, se trouvant coupé, il se
replie sur Torgau, avec les parcs, après avoir pris l'avis
du gouverneur qui consent à le recevoir. Arrivé sous
le canon de la place, il est abandonné par son arrière-
garde, composée de 1,000 Bavarois, sous les ordres du
général Maillot. Il convient de dire à l'honneur de ce
dernier qu'il prévint le général Durrieu du départ de
ses troupes, et qu'il lui témoigna le regret qu'il en
éprouvait.

Le général Durrieu prend position, le 19, entre le
fort Zinna et le grand étang, avec 6,700 hommes,

(1) Le lieutenant-général Durrieu, député.

2,560 chevaux, et 540 voitures (1), ci.   6,700 homm.

Il y avait alors à Torgau, compris
les blessés et les malades, au nombre
de 7,400 hommes   19,425

         Total. 26,125 (2)

Retranchant les troupes saxonnes
qui, sous les ordres du général Mel-
lentin, ne tardèrent pas à quitter la
place.   1,475

         Reste.   24,650

Le général Durrieu amenait un renfort de troupes
d'artillerie et du génie, 2 bataillons d'ouvriers militaires de la marine, le 2e et le 8e, 2 cadres de bataillons,
l'un du 42e, l'autre du 65e, venus avec les équipages des
3e et 7e corps, 2 bataillons des équipages militaires,
le 6e et le 17e, et un nombre considérable d'employés
supérieurs et autres d'administration, l'inspecteur général du service de santé Desgenettes, l'inspecteur en
chef aux revues Lambert et le commissaire ordonnateur
en chef Lamartillière. Le parc d'artillerie était commandé par le général Bouchu ; celui du génie par le
major Finot (3). Ces deux officiers rendent dans la

(1) 90 voitures d'artillerie, 10 prolonges d'outils, 311 voitures des
équipages des vivres, 7 fourgons du trésor et 20 voitures des postes.

(2) 25,612 suivant le général Bernard. Mais ce chiffre, qui diffère peu
du nôtre, ne comprend ni les officiers de santé, ni les infirmiers.

(3) Le colonel du génie Finot retiré à Strasbourg. Cet officier, fort habile
dans l'art des constructions, et que le corps du génie a perdu trop tôt,
nous a fourni sur le service de son arme dans la place des renseignements
qui nous ont été très utiles.

2

suite de grands services dans la place. Le premier y
prend le commandement de son arme, ayant pour
chef d'état-major le chef d'escadron Delpire, aujour-
d'hui major aux Invalides. Les ouvriers militaires de la
marine, excellente troupe aussi propre au combat
qu'au travail, ont pour commandants les chefs de bataillon Masquelez et Gilbert, l'un et l'autre fort estimés
dans leur corps.

Le général de division comte Dutaillis, qui se trouvait alors à Eilenburg, rentrant en France (1), est rejeté
dans la place, ainsi que le colonel du génie Bernard,
aide-de-camp de l'empereur, qui, ayant eu la jambe
cassée d'une chute de cheval, près de Zittau en Saxe,
après la reprise des hostilités, avait suivi le mouvement
du parc du génie lorsque la grande armée avait quitté
Dresde. Le premier eut plus tard le commandement
de Torgau ; le second prit à la défense une part glo-
rieuse, mais qui a été exagérée par son éloquent pané-
gyriste à la chambre des pairs (2).

(1) Quoiqu'il fût amputé d'un bras et couvert de blessures qui l'empêchaient de monter à cheval, le général Dutaillis avait eu en 1813 le commandement de la place d'Erfurt.

(2) *Moniteur* du 23 février 1840. Le discours de M. le comte Molé a
amené une réclamation de M. le comte Dutaillis, qui s'est plaint avec
raison, qu'en parlant de Torgau, son noble collègue eût cité le colonel
Bernard seul comme ayant été l'âme de la défense. M. le comte Molé a
répondu en publiant le rapport fort intéressant que le colonel Bernard
adressa au premier inspecteur-général du génie, la veille de l'évacuation
de la place, rapport où cet officier rend pleine justice à tous les officiers
qui ont secondé le gouverneur. Le noble pair y a joint deux extraits
des procès-verbaux des séances du conseil de défense, qui montrent que
dans les occasions difficiles l'aide-de-camp de l'empereur prit toujours
l'initiative des avis les plus énergiques.

Le gouverneur acheve l'organisation des troupes commencée par le général Lauer. Il en forme huit bataillons, composés, le 1er, des hommes isolés de la garde impériale, les 2e, 3e, 4e, 5e et 6e, des dépôts, et les deux autres, de trois compagnies des 131e, 132e et 133e et des cadres des bataillons du 42e et du 65e. Le premier bataillon subsiste comme corps séparé. Les autres forment trois régiments dits *régiments provisoires de Torgau*, le 1er à deux bataillons, le 2e à trois bataillons, et le 3e à deux bataillons. Dans la suite on essaie d'exercer au maniement des armes les deux bataillons des équipages militaires. Ils forment un 4e régiment qui ne rend aucun service. Les commandants des 1er, 2e et 3e régiments sont les majors Charrière, Deschanges et Jamin, qui tous trois servent avec une grande distinction.

Le gouverneur organise en outre une compagnie de cosaques polonais, pour éclairer le terrain en avant de la place et avoir des nouvelles de l'ennemi, et une compagnie de réserve composée d'hommes d'élite, pour disposer d'une force utile et sûre dans un moment d'urgence. Le capitaine Catel commande cette compagnie, dont les hommes restèrent dans les corps auxquels ils appartenaient.

Les fonctions de chef d'état-major sont remplies par le chef d'escadron de Courbon, aide de camp du prince de Wagram (1).

Les 24,650 hommes composant la garnison au 20 octobre étaient répartis ainsi qu'il suit, d'après les recherches que nous avons faites :

(1) Le marquis de Courbon-Blénac, maréchal-de-camp, aujourd'hui en retraite. Son rapport nous a servi de guide, nous en emprunterons plusieurs fois les termes.

	OFFICIERS.	SOUS-OFFICIERS ET SOLDATS.	TOTAL.
1° COMBATTANTS.			
Français.			
État-major de la place.	75	25	100
Gendarmerie.	1	28	29
Artillerie, savoir : 4 compagnies, 2 détache ments d'ouvriers, 8 compagnies de pouton- niers, 4 compagnies du train, ensemble.	70	1930	2000
Génie, savoir : une compagnie de mineurs, 2 de sapeurs, un détachement de 66 ouvriers, et 2 compagnies du train, ensemble. . . .	20	640	660
2ᵉ et 8ᵉ bataillons des ouvriers militaires de la marine.	20	1200	1220
1ᵉʳ bataillon de Torgau sous le commandant Rojat	21	300	321
1ᵉʳ, 2ᵉ et 3ᵉ régiment de Torgau.	168	7146	7314
Convalescents, aux dépôts.	60	1000	1060
Cosaques Polonais.	4	100	104
Bataillons des équipages militaires . . .	20	1243	1260
Total des *Français*.	459	13609	14068
— Hessois et *Wurtzbourgeois*.	36	1800	1836
— combattants.	495	15409	15904
2° MALADES ET BLESSÉS.	140	7260	7400
3° NON COMBATTANTS.			
Administrations de la place, du grand quartier-général, du 3ᵉ et du 4ᵉ corps	181	645	826
Officiers de santé, non compris ceux des corps armés. (Médecins, . . 14 / Chirurgiens. . 61 / Pharmaciens. . 44)	119	»	119
4 compagnies d'infirmiers	1	400	401
Total.	301	1045	1346

RÉCAPITULATION.

Combattants.	15904
Malades et blessés	7400
Non-combattants.	1346
Total général	24650

Le gouverneur partage les troupes d'infanterie en
trois brigades, brigade de la place, brigade extérieure
ou du camp retranché, et brigade de la tête de pont.
Le général Brun, qui commande la première, a sous
ses ordres le 8ᵉ bataillon des ouvriers de la marine, le
bataillon de la garde, le 2ᵉ régiment de Torgau, fort
de trois bataillons, et les Wurtzbourgeois. La brigade
extérieure est composée du 2ᵉ bataillon des ouvriers
de la marine, fort de 715 hommes, du 1ᵉʳ régiment de
Torgau, de 1,100 hommes, et d'un bataillon de Hessois
de 320 hommes, total 2,035 hommes. Le général
Durrieu, qui la commande, a en outre sous ses ordres
une compagnie d'artillerie de 190 hommes, une compagnie de sapeurs de 140 hommes, et la compagnie
de Cosaques polonais. Avec ces forces il doit garder le
poste de la Scierie, les forts Zinna et Mahla et la lunette Répitz. Le général Devaux, qui a le commandement de la tête de pont et des lunettes Werda et
Zwethau, a sous ses ordres le 3ᵉ régiment de Torgau,
un bataillon de Hessois, une compagnie d'artillerie et
la compagnie de mineurs du capitaine Lenoir, aujour-
d'hui colonel. Malade, il est remplacé par le major
Jamin. Le général Brun réunit le commandement de
la tête de pont à celui de la place.

Le gouverneur se débarrasse des troupes saxonnes, qui étaient un fardeau inutile pour la garnison ;
le 22 octobre, il assemble leurs officiers, les prévient
de la liberté qu'il leur donne de quitter Torgau, et
leur fait fournir les moyens de transport nécessaires
pour l'évacuation de leurs bagages. Ils sortent par la
tête de pont.

Les officiers des troupes de Wurtzbourg et de
Hesse-Darmstadt sont autorisés à expédier des cour-

riers pour prendre les ordres de leurs souverains.

Voulant, tant que la place n'est pas bloquée, ména-
ger les approvisionnements de siége, le 20, à l'arrivée
des nouvelles troupes qui sont venues dans la place,
le gouverneur réduit la ration de pain à 16 onces;
le 23, il la réduit à 12, et maintient celle de viande
sur le pied de 4 onces, déjà fixé depuis quelque temps.
Le 26, il ajoute à la ration journalière 1 once de riz,
ou l'équivalent en 2 onces de légumes secs, ou 4 onces de pommes de terre.

Le soldat reçoit en même temps du tabac à fumer, à
raison de 2 onces par quinzaine.

L'Empereur avait ordonné, par son décret sur Torgau, qu'il y eût un arsenal où l'on construisît des affûts. On avait bâti un hangar et six forges. Le commandant de l'artillerie y met à l'œuvre de nombreux
ateliers en fer et en bois. Il en sort 26 affûts de siége,
8 châssis pour divers calibres, les plates-formes et l'armement de plusieurs batteries, des lances pour armer
la compagnie de Cosaques polonais, des piques contre
l'assaut pour les forts et le corps de place. La salle
d'artifice est occupée à la confection des lances à feu,
des étoupilles, des gargousses et au chargement des
projectiles creux.

Il y a dans la place 199 bouches à feu en état de
servir, parmi lesquelles on compte huit pièces de
24 approvisionnées à 1,100 coups; 30 obusiers et
6 mortiers approvisionnés à 500 coups. Les pièces de
8 le sont à 700. L'approvisionnement des autres bouches à feu est moindre. Il y a, en totalité, 100,000 kilogrammes de poudre. Suivant les tables de Vauban,
136,000 kilogrammes sont nécessaires dans un hexa-
gone. L'approvisionnement en cartouches d'infante-

rie, après avoir fait tout ce qui était possible pour l'augmenter, est de 700,000 (1). Il est regardé comme insuffisant pour une longue défense.

Sur la proposition du commandant de l'artillerie, le gouverneur arrête que :

Le corps de place sera armé de   85 bouches à feu.
La tête de pont de 50
Le fort Zinna de 31
Le fort Mahla de 8
Les quatre lunettes de . . . 12
Et qu'il y aura une batterie mobile de 6 pièces de 6 et 4 obusiers de 24, ci 10

Total 196

Le personnel de l'artillerie étant en proportion plus fort que ses travaux ne l'exigeaient, le commandant de cette arme en met une partie à la disposition de son collègue du génie pour les travaux de fortification de la place. « Animés l'un et l'autre par les vues seules du service, et ne devant voir dans ces circonstances que la meilleure défense de la place, les deux commandants du génie et de l'artillerie se promettent et se tiennent respectivement parole d'agir de concert en tout et pour tout dans les diverses opérations de leur arme, de s'entr'aider mutuellement pour le personnel et le matériel, et de rejeter d'avance et de réprimer aussitôt la plus légère tracasserie qui pourrait être amenée par des sous-ordres; aussi en a-t-il résulté la plus intime harmonie : canonniers et mineurs ou sa-

(1) On ne put se procurer chez les habitants que 1,700 livres de plomb, ressource très inférieure aux besoins. On était résolu à requérir les ustensiles d'étain si le siége eût duré.

peurs, pontonniers, ouvriers, militaires et soldats du
train, tous ne font qu'une même famille militaire,
travaillant indistinctement pour l'une et l'autre arme,
et voyant, enfin, l'officier d'artillerie dans celui du génie, et réciproquement. »

Ces paroles, qui tracent la règle de conduite que
doivent tenir dans une place assiégée les chefs de l'artillerie et du génie dans leurs relations mutuelles,
sont tirées du journal abrégé de M. le général Bouchu. Cet officier-général, mort depuis peu (31 octobre 1839), après avoir parcouru une belle carrière,
contribua puissamment à la défense de Torgau, par le
parti qu'il sut tirer de son arme, par la direction qu'il
lui imprima et par les ressources qu'il sut créer (1).

Pendant l'espace d'un mois, à partir du 8 octobre,
le plus grand nombre des troupes d'artillerie disponibles est employé à élargir les terre-pleins et à répaissir les parapets, tant au corps de place qu'aux ouvrages extérieurs. C'est l'artillerie qui ferme par un long
épaulement et un large fossé la partie de la gorge de la
place qui était ouverte entre le pont et le bastion nº 1,
qui fait une coupure et un épaulement entre l'Elbe et
la lunette Loswig pour voir le revers d'une digue qui
était caché aux vues de cet ouvrage.

Bien que le colonel Bernard se traîne encore à
peine sur deux béquilles, il offre ses services, est appelé dans le cabinet du gouverneur, et, suivant Bürger, il obtient sa confiance. Il rend des services signa-
lés par ses conseils et en se montrant partout où il y

(1) Voyez la notice remplie d'intérêt publiée sur M. le lieutenant-
général baron Bouchu, par M. le chef d'escadron d'artillerie Born, son
aide-de-camp. (*Journal des sciences militaires*, nº de janvier 1840.)

a du danger; telle est particulièrement sa conduite pendant tout le temps que dure le siége du fort Zinna.

Dans le mois d'octobre, le gouverneur ordonne de construire des blockhaus dans les demi-lunes de ce fort, et de perfectionner les ouvrages du fort Mahla. On construit dans ce dernier un réduit en charpente avec une caponnière en palanques dans le fossé de la gorge pour rejoindre la communication avec la place; on fait dans les places d'armes rentrantes des chemins couverts des blockhaus, auxquels on communique par des doubles caponnières dans les fossés, et de celles-ci dans l'intérieur du fort par des poternes ou galeries en bois. Pour flanquer les fossés des branches, on y construit deux doubles caponnières dans le prolongement de la gorge avec deux blockhaus sur l'extrémité des branches du chemin couvert. La plupart de ces constructions en bois sont exécutées par le 2e bataillon des ouvriers militaires de la marine.

L'empereur avait fixé l'approvisionnement de siége de Torgau à 360,000 rations pour 4,000 hommes, dont 400 malades, pendant trois mois. Cet approvisionnement, qui avait dû être fait par les soins de l'administration saxonne, était à peu près complet, à l'exception du bois, dont on éprouva une privation qui fut funeste aux malades. Il était renfermé dans les souterrains à deux étages du château, qui étaient à l'épreuve. L'approvisionnement courant était nul relativement à la force de la garnison. En définitive, la situation des vivres présentait au 31 octobre :

Pain à 24 onces
Biscuit à 18 onces $\Big\}$ . . . 700,000 rations.
Riz à 1 once. 1,040,000

Légumes secs à 2 onces. . . } 415,000
Pommes de terre à 4 onces }

Sel à $\frac{1}{10}$ de litre. 380,000

Viande sur pied à 8 onces. . . 442,000

Bœuf salé à 8 onces . . . } 126,000
Porc salé à 6 onces. }

Vin à $\frac{1}{4}$ de litre . . . . } 317,000
Bière à $\frac{1}{7}$ litre }

Eau-de-vie de grains à $\frac{1}{14}$ de litre 305,000

Vinaigre à $\frac{1}{10}$ de litre. . . . 196,000

Bois, au lieu de 3,600 stères fixés. . . . . 1,137 stères.

L'approvisionnement de viande sur pied avait été augmenté de 880 bœufs et 1,680 moutons, que le major Deschanges et le général Durrieu, pendant qu'il tenait encore la campagne, avaient fait rentrer dans la place.

Il y avait peu de temps que le gouverneur avait reçu de Leipsig 400,000 fr. ; il fait verser dans les caisses du payeur principal tout l'argent qui était dans les fourgons du trésor, et qui montait à 881,064 fr. argent, et 411,000 fr. en traites sur Paris. Au moyen de ces ressources, le service de la solde est assuré pour quelque temps. M. de Narbonne fait d'abord payer, le 26 octobre, à tous les officiers sans troupes et aux administrations venues avec le grand quartier-général, la solde de juin et juillet, et aux troupes le mois d'octobre.

Le 22 il écrit au bourgmestre la lettre suivante :

« Pour l'intérêt des habitants, il est absolument nécessaire, monsieur, que je connaisse d'une manière précise leurs ressources en subsistances. Vous voudrez donc bien ordonner des déclarations, ou faire faire

des visiles domiciliaires pour constater les appprovi-
sionnements de chaque habitant en grain ou farine.
Vous m'en adresserez l'état dans deux fois vingt-
quatre heures, et je mets cette mesure sous votre responsabilité. Il est nécessaire qu'à chaque déclaration
soit joint le nombre de personnes composant la famille, afin que l'on puisse juger avec précision pour
combien de jours ils ont de vivres. »

Le taux de 12 onces qui avait été fixé pour la ration
de pain paraîtra faible ; mais à l'époque où il fut
adopté le soldat recevait la solde et 50 cent. les jours
qu'il travaillait. M. de Narbonne avait enjoint sévère-
ment aux chefs de corps de faire employer à l'ordinaire la moitié de la solde et le tiers du salaire du travail. Les registres de l'ordinaire devaient faire foi de cet
emploi et être vérifiés. Les deux autres tiers du salaire
du travail étaient remis chaque soir dans la main du
soldat, et l'officier du génie pouvait être présent à
cette distribution.

Le 24 octobre, le gouverneur expédie des espions
sur Dresde et Wittenberg, afin d'avoir des nouvelles
de la situation respective de ces places. Le 27, il reçoit
la réponse à sa lettre au gouverneur de Wittenberg.
Le général Lapoype lui annonce qu'il ne connaît les
derniers événements que par la Gazette de Leipsig, en
date du 22 ; qu'il y a peu de troupes devant la place,
et qu'il est préparé à une défense opiniâtre. Il tint
parole.

Le 29, M. de Narbonne reçoit une lettre du général
Mathieu Dumas, intendant de la grande armée, resté
à Dresde, où le maréchal Saint-Cyr avait sous ses ordres environ 25,000 hommes en état de marcher et
de combattre. Le général Dumas lui annonce que les

nouvelles de Leipsig sont connues à Dresde, que le
général Klénau et le général Marcof sont devant la
place et en font le blocus, et qu'il y a des vivres jusqu'aux premières gelées.

M. de Narbonne répond de suite, et fait pressentir
dans sa missive (1) que si le maréchal Saint-Cyr se
trouvait pressé plus par la faim que par l'ennemi, il
pourrait bien venir toucher barre à Torgau, pour se
diriger ensuite, soit sur Magdebourg, soit sur Ham-
bourg.

Le 2 novembre, il reçoit un billet du général Mathieu
Dumas, qui lui annonce 10,000 hommes, une bonne
artillerie et 800 chevaux, et lui demande ce qu'on
pourrait faire en faveur des troupes de Dresde si elles
prenaient le parti de venir à Torgau. M. de Narbonne
répond qu'il ne lui appartient pas de donner des conseils, mais que la garnison de Dresde pourrait se
rendre plus tard et celle de Torgau plus tôt.

Tels sont les faits qui se rapportent au projet de
coopération des garnisons de l'Elbe; l'exécution dé-
pendait du commandant de Dresde; mais, dès le 21
octobre, il s'était prononcé contre. (*Voir ses Mémoires*,
1813.)

§ II.

De l'épidémie; — sa nature; — causes qui la produisent;
— dénûment des hôpitaux; — mortalité effrayante.

L'épidémie qui régna à Torgau revêtit deux formes

_____

(1) Cette missive, tracée de l'écriture fine et déliée du général Brun,
fut renfermée dans le pommeau d'une canne de voyage et portée à Dresde
par un paysan, qui revint avec la réponse ci-dessus du général Dumas.
(Manuscrits de M. le lieutenant-général Pelet.)

principales, tantôt seules et distinctes, tantôt se compliquant mutuellement, et dans lesquelles les autres maladies intercurrentes vinrent se confondre. Ces deux formes ont été les diarrhées ou dyssenteries, et les typhus à divers degrés et de différentes espèces.

Les diarrhées causèrent la plus grande mortalité. Elles consistaient dans un flux de ventre d'une odeur animale infecte, *aashaft stinkenden*, dit un auteur allemand (¹). Elles furent produites par la lassitude du soldat jointe à la mauvaise nourriture et à sa faible complexion. Du jour où les hostilités avaient recommencé, le 16 août, il avait fait des marches continuelles, avait bivouaqué toutes les nuits pendant une saison qui avait été très pluvieuse, et avait toujours été mal nourri. Les habitants qui s'étaient pourvus de subsistances, la presque totalité des officiers, des employés et même des soldats qui ont pu se bien nourrir, en ont été exempts.

L'insalubrité de Torgau fut augmentée à l'époque du siége par sa situation entre un grand fleuve, d'un côté, et de l'autre des étangs et des forêts ; par la mauvaise habitude des habitants en général d'amonceler le fumier et les ordures dans la cour de leurs maisons, et d'y établir les latrines à découvert et sans égoût; enfin, par la mauvaise qualité de l'eau qui sert aux usages domestiques, et qui est dure, pesante, ferrugineuse, cuit difficilement les légumes, produit ou aggrave les diarrhées ; ce qui a été constaté, dit le chevalier Masnou (ouvrage cité, page 1).

Tandis que les flux de ventre attaquaient et détrui-

(1) Richter, *Histoire médicale du siége et de la prise de Torgau* , et description de l'épidémie qui y a régné pendant 1813 et 1814. Berlin , 1814.

saient les soldats jeunes, faibles, épuisés de fatigues et de misère, les typhus ou fièvres nerveuses au contraire s'attachaient aux militaires dans l'âge de consistance, robustes et pleins de vie malgré les privations. Il en fut de même dans la ville; ils épargnèrent en général les vieillards et les enfants; ce fut parmi les personnes des deux sexes de l'âge de vingt à quarante-cinq ans qu'ils firent le plus de victimes.

Sans nier l'influence contagieuse du typhus, le chevalier Masnou lui assigne à Torgau les causes générales suivantes : « L'entassement d'un grand nombre d'individus dans des lieux étroits où l'atmosphère n'était pas renouvelée, la température humide de la place, le défaut de propreté des habitants; en outre, chez le soldat, la mauvaise nourriture, les fatigues et les passions tristes, suite de ses souffrances. Parmi ces causes, l'insalubrité de l'air causée par les émanations animales occupe le premier rang, et en effet on remarque que la maladie cesse presque toujours avec l'encombrement : observation utile à constater, afin de se tenir en garde dans les armées contre une trop grande concentration des troupes, soit dans les bâtiments militaires, soit dans les cantonnements. Le typhus prit d'abord naissance dans les hôpitaux, et jusqu'au 20 octobre il n'en avait pas franchi l'enceinte; mais la misère et l'encombrement ayant augmenté dans la ville à cette époque, ces causes réunies, et surtout un temps humide et trop chaud pour la saison, rendirent la maladie populaire, et Torgau ne fut plus qu'un vaste hôpital. On ne pouvait traverser une rue sans rencontrer des convois funèbres ou des cadavres de soldats qu'on y avait jetés des maisons ou qu'on charriait vers les salles des morts; l'air infectait; la garnison entière était malade ; à peine pouvait-on relever les postes, et plusieurs fois il est arrivé que la mort a surpris des soldats en faction. »

L'auteur français que nous analysons s'étend longuement sur les caractères variés sous lesquels la fièvre d'hôpital s'est présentée, tantôt comme fièvre pestilentielle, tantôt comme fièvre adynamique ou ataxique. Il insiste sur ce que le traitement prophylactique et diététique (qui était le plus important, car de toutes les maladies le typhus est peut-être celle qui a le moins besoin de remèdes) a été pour ainsi dire nul. « Six à sept mille malades, dit-il, entassés pêle-mêle dans des locaux souvent malsains, qui ne pouvaient en contenir que le tiers au plus, sans fourniture, sans ustensiles, même sans paille, et sans soins, ont bientôt vicié et corrompu l'air que la mauvaise tenue et la malpropreté des flux de ventre infectaient encore. Aussi les hôpitaux, au lieu d'être un asile pour les malades, furent-ils de vrais cloaques et de vastes foyers d'émanations putrides, sur l'entrée desquels on aurait pu mettre la célèbre inscription que le Dante a placée sur la porte des Enfers. D'un autre côté, le soldat malade réduit (dans le mois de décembre) à cinq onces de viande, à deux onces de légumes, à douze onces de mauvais pain, à un verre de vin par jour, avait à peine de quoi ne pas mourir d'inanition ; encore le peu qui lui était accordé n'arrivait-il pas toujours jusqu'à lui en entier : et quelle devait être la situation de son moral ! La mortalité seule a fait cesser l'encombrement, et le froid a achevé de dissiper l'épidémie. »

Bürger ne fait pas un tableau moins triste des maisons de la ville où l'on avait mis des malades. « Les

quatre murs et un toit étaient à peu près tout ce qu'ils
y trouvaient. On avait étendu de la paille sur le plancher, comme on fait dans une étable, et ils s'arran-
geaient comme ils pouvaient où il y avait place. La
plupart n'eurent d'autre couverture pendant les froi-
des nuits d'automne, que la capote souvent déjà usée
qui était sur leur corps. Il n'y avait d'ustensiles que
pour le quart au plus des malades. Aucune évacuation
n'était enlevée; la paille n'était pas renouvelée; de là
la plus grande malpropreté. On avait cependant passé
un marché avec deux entrepreneurs pour pourvoir, à
raison de 3 fr. par officier et de 1 fr. 80 c. par sous-offi-
cier ou soldat, par jour, à la nourriture et à tous les
soins qu'exigeaient les hommes qui étaient dans ces
maisons. Les deux tiers de cette allocation étaient
payés par le gouvernement français et le reste par la
Saxe. La ration consistait dans un mauvais petit mor-
ceau de viande, dont les infirmiers sans pudeur re-
tranchaient une partie de la manière la plus effrontée.
Il n'était pas rare que les malades qui avaient encore
un peu de force, poussés par la soif ou la faim, n'al-
lassent implorer la pitié des habitants dans les maisons
voisines. Le nombre de ceux qui périrent ainsi est
considérable. Le traitement médical n'était pas moins
négligé dans ces hôpitaux isolés. En un mot, dit Bürger, il est certain que l'on eût pu faire beaucoup plus
pour les malades, si tous ceux à qui le soin en était
confié eussent rempli fidèlement et consciencieuse-
ment leurs devoirs, si la plupart d'entre eux avaient
montré plus de pitié et de compassion pour ces malheureux, qu'on ne paraissait pas mettre au-dessus
de la brute. »

Le chirurgien principal de l'armée prussienne, le

Dr Richter, qui prit le service des médecins français lors de l'évacuation de la place, avance dans son histoire médicale du siége de Torgau en 1813 (1), que « la plupart des agents attachés au service des hôpitaux, et le nombre en était considérable, dit-il, plongés dans l'indifférence la plus profonde, occupés de leurs propres souffrances, ne montrèrent point pour soulager celles de la troupe le zèle qui était nécessaire pour produire quelque bien ; que la conduite du gouverneur, le noble comte de Narbonne, qui visitait fréquemment les hôpitaux, ne servit à rien et lui coûta la vie. Ce fut surtout dans la place de Torgau, dit Richter, que par le concours de plusieurs circonstances malheureuses l'épidémie typhoïde que les troupes françaises portèrent dans tous les lieux qu'elles parcoururent, eut la plus grande intensité et prit un caractère de malignité particulier. Les hôpitaux, véritables antres de désolation, présentèrent un spectacle d'horreur qu'il faut avoir vu pour s'en faire une idée. Par l'absence totale des soins qui étaient nécessaires aux malades pris de flux de ventre, la malpropreté devint telle au bout de peu de temps, que ces malheureux gisaient dans leurs excréments, attaqués encore pleins de vie par la putréfaction ou la gangrène. Les morts restaient des jours entiers près de leurs camarades vivants, et souvent dans le même lit. Les malades un peu plus forts, ceux qui pouvaient se traîner, enlevaient à ceux qui étaient plus faibles ou mourants leur paille de couchage, leurs couvertures ou autres ustensiles. Quelquefois des infirmiers avides, sans attendre que le malade eût expiré, fouillaient

(1) Ouvrage cité, page 29.

ses vêtements, et le mettaient avec les morts. Dans le délire, ou pour échaper à leur situation malheureuse, beaucoup de malades sortaient des hôpitaux et erraient dans les rues. Quelques uns y terminaient leur vie, d'autres se glissaient dans les écuries, les cours ou les cuisines des maisons, et y languissaient sans être aperçus, ou s'ils l'étaient, ils étaient reconduits dans les hôpitaux par les habitants. Les hôpitaux n'étaient que des cloaques. La plupart des latrines dont on ne prenait aucun soin, dans lesquelles même on avait jeté beaucoup de cadavres, étaient remplies jusqu'aux bords. La partie liquide des excréments en sortait, se répandait sur les escaliers et ruisselait sur les parois des murs. Dans le château, chaque fenêtre avait été transformée en latrine, en sorte que les excréments couvraient partout les murs, et s'étaient entassés dans les cours d'une manière inouïe. Les ordures s'élevaient dans quelques chambres jusqu'à la hauteur de la cheville, et empêchaient d'en ouvrir les portes. Il fallait passer sur des morts pour arriver jusqu'aux malades. Le bombardement ayant détruit toutes les fenêtres, les poêles n'étant pas en état, le bois manquant, les malades souffrirent d'autant plus du froid que la saison fut rigoureuse, et qu'ils n'avaient que de mauvaises couvertures. Leurs boissons, leurs médicaments se changeaient en glace à côté d'eux. Il ne pouvait pas être question d'un traitement médical conforme aux règles de l'art. La nourriture même ne pouvait pas être prescrite comme il convenait par défaut de bois pour préparer les aliments. »

Les reproches qui sont adressés à l'administration française dans ces passages sont graves. Nous avons cru ne devoir ni les taire ni les affaiblir ; mais sont-ils fondés? pouvait-elle faire plus qu'elle n'a fait? nous ne le pensons pas. La cause du mal est dans le dénuement des hôpitaux tout nouvellement créés, dans l'encombrement des malades, dont le nombre dépassa tout ce qui avait été prévu, dans la composition des compagnies d'infirmiers qui, de l'aveu de l'inspecteur général, étaient les pires qu'on pouvait rencontrer (1); enfin, il arrive généralement dans les épidémies que l'on devient insensible aux souffrances des autres. Les soldats négligeaient de conduire leurs camarades aux hôpitaux, ou ne les y conduisaient qu'à la dernière extrémité, et souvent les laissaient en chemin quand ils les voyaient expirants ou expirés. Il y avait à la tête des divers services des hommes d'un courage éprouvé, dont le zèle ne se démentit point pendant toute la durée de l'épidémie, et sur lesquels il serait injuste de faire peser une responsabilité qu'ils n'ont point encourue. A leur place, ceux qui les blâment n'eussent pas fait davantage. L'inspecteur-général Desgenettes, qui dirigeait en personne le service de santé, conférait trois fois le jour avec le médecin principal et trois fois par semaine avec les médecins de service. Le pharmacien en chef assistait en personne, et journellement, avec un courage exemplaire, à l'emploi des remèdes et à la sanification des hôpitaux. Un colonel avec des officiers pour adjoints y exerçait une haute surveillance. Leblond, directeur des hôpitaux, jouissait de la réputation la plus honorable. Le tiers des officiers de santé tomba malade dans le mois d'octobre; savoir, 5 médecins sur 14, 21 chirurgiens sur 61 et 13 pharmaciens sur 44.

(1) Voyez l'opuscule cité page 1.

Presque tous furent atteints par l'épidémie et plusieurs
y succombèrent. On requit les chirurgiens des corps
armés.

Le nombre des morts, qui avait été de 1.241 pendant le mois de septembre, s'éleva en vingt jours, du
1er au 20 octobre, à 2,327, et continua à croître si ra-
pidement qu'il était de 4,900 à la fin du mois. La mortalité n'est pas plus grande dans les hôpitaux de pesti-
férés qu'elle le fut en novembre.

La ville fut aussi l'objet des soins de l'administration. Deux médecins français se joignirent à ceux
qu'elle avait déjà pour voir ses malades, et sur la proposition de Laubert, pharmacien en chef, elle reçut
deux caisses de médicaments des approvisionnements
de l'armée.

§ III.

Mois de novembre. — Blocus de la place. — Mort de
M. de Narbonne ; — son éloge.

Au commencement de novembre l'ennemi avait
complété l'investissement de Torgau. Le corps prussien du général Wobeser, qui était depuis long-
temps sur la rive droite de l'Elbe, s'était retranché. Le
corps saxon qui avait abandonné les rangs de l'armée
française pendant la bataille de Leipsig, était sur la rive
gauche, s'étendant depuis l'Elbe en amont de la place
jusqu'à la route d'Eilenburg, en passant par Bennewitz,
Staupitz et Melpitz. Une brigade prussienne venait
d'arriver et fermait l'intervalle entre la route d'Eilenburg et l'Elbe en aval; toutes ces troupes étaient sous
le commandement du général comte Tauentzien,

commandant le 4e corps d'armée prussien. Les troupes saxonnes ayant coupé l'aqueduc qui de Süptitz amène de bonnes eaux dans la place, on était réduit aux eaux de l'Elbe et aux eaux de puits, réputées inférieures et malsaines (page 29 de cette relation).

L'ennemi était dans cette position depuis le 2 novembre. Le même jour, un de ses partis de cavalerie attaque, entre la forêt de Bennewitz et le poste de la Scierie, la tête d'un convoi de voitures chargées de palissades qui rentrait dans la place. L'escorte, quoique faible, suffit pour protéger le convoi; mais l'ennemi occupe Loswig et un blockhaus qui était près de ce village. Le 3 et le 5, la garnison fait deux fortes sorties pour continuer l'enlèvement des palissades qui étaient dans la forêt. Le 3, le général Brun sort de la place avec 1,000 hommes d'infanterie et 4 pièces de canon, chasse l'ennemi de Loswig, et remplit sa mission. La sortie du 5 est plus nombreuse et plus difficile. Le général Durrieu part avec 1,200 hommes d'infanterie, 40 hommes de cavalerie, 6 pièces de canon et toutes les voitures des parcs du génie, de l'artillerie et des équipages. Après avoir repoussé l'ennemi de Loswig, il s'avance avec l'infanterie sur le chemin de Schildau pour prendre position en avant de la forêt, et couvrir le 8e bataillon des ouvriers de la marine qu'il y avait envoyé sous la conduite du chef de bataillon Masquelez. L'ennemi réunit plusieurs bataillons, débouche de Beckwitz et l'attaque. Le général Durrieu replie ses troupes pour recevoir le combat; mais notre infanterie, organisée depuis peu de temps et composée de soldats malingres, s'engage mollement, et sans les 400 braves ouvriers militaires de la marine, qui, leur commandant à leur tête, attaquent à la baïonnette le bataillon de grenadiers saxons d'Anger, la journée aurait eu les plus funestes résultats. L'artillerie empêche l'ennemi de déboucher de la forêt. Nous perdons 80 hommes. On regrette surtout les chefs de bataillon Delize et Masquelez, tous deux blessés à mort de coups de feu. Deux autres officiers d'ouvriers avaient été blessés.

Ces deux sorties et une autre qui avait eu lieu précédemment du fort Zinna montrent au gouverneur qu'il ne peut plus rien tenter au-dehors de la place avec son infanterie. La campagne n'offrait d'ailleurs aucune ressource. L'approvisionnement en fourrages, qui avait été calculé sur le petit nombre de chevaux présumé de la garnison, se trouvant insuffisant depuis l'arrivée des parcs, il donne des ordres pour que l'artillerie se réduise à 150 chevaux, le génie à 100, les équipages à 100, les officiers de tout grade, chacun au plus petit nombre ; tout le reste, à l'exception de 200 réservés pour monter une compagnie de lanciers est abattu (1); les corps de la plupart sont jetés dans l'Elbe ; quelques uns sont salés pour servir de nourriture à la garnison. Tous les hommes des équipages rentrent en ville ; on les exerce au maniement du fusil et on en forme un régiment : il est de peu d'utilité.

On n'avait pas démoli entièrement le faubourg de Dresde, pour ne pas se priver de beaucoup d'habitations qu'on pouvait utiliser en y logeant une partie des troupes jusqu'au moment où la place serait attaquée. Le moment étant venu, on le fait évacuer et on en commence la démolition.

(1) L'immolation de ces malheureux animaux eut lieu sur le pont, loin des yeux des soldats et des habitants, auxquels elle eût offert un triste spectacle.

Le major du génie Finot reconnaît, dans les premiers jours de novembre, qu'en construisant une digue entre le fort Mahla et la porte de Wittenberg, on pourrait tendre avec les eaux du Schwarz-Wasser devant le front 5—6, une petite inondation qui couvrirait la droite de la communication aux forts extérieurs, et complèterait le système de défense de la place. Un nivellement exécuté le 5 novembre par le capitaine du génie Lenoir démontre la possibilité de faire ce travail, sur lequel quelques doutes s'étaient élevés.

Le gouverneur ordonne à cette époque de tendre les inondations à leur plus grande hauteur. On lâche les écluses du grand étang et de l'étang inférieur pour augmenter l'inondation existante devant les fronts 1—2 et 2—3, et remplir le lit du Schwartz-Wasser, dont les eaux devaient former la nouvelle inondation projetée. La hauteur à laquelle est tendue l'inondation des fronts 1—2 et 2—3, en fait transpirer les eaux jusque dans le bastion 2, où se trouvaient deux magasins à poudre neufs en maçonnerie. Les voûtes de ces magasins étaient minces; les murs de l'un étant d'ailleurs lézardés, l'artillerie n'y avait pas mis de poudre. Le génie avait blindé l'autre, et il contenait 50,000 kilogrammes de poudre. Mais les eaux ayant détrempé le terrain marécageux non piloté sur lequel ses murs avaient été élevés, il s'y fait des fissures qui donnent des inquiétudes; on se hâte de disposer de nouveaux locaux pour les poudres qu'il contenait. On en met une partie dans l'aqueduc des eaux, qui avaient été taries comme nous l'avons dit, après lui avoir ajouté un mur de fonds et un plancher. On met le reste dans les magasins des forts et dans la troisième des quatre poternes de la place qui était disponible. Deux contenaient déjà des poudres, et une autre avait été disposée pour salle d'artifice. L'aqueduc et les poternes sont blindés et chargés de terre par les soins des officiers du génie. Les magasins dits trèfles des trois portes étaient aussi remplis de poudre.

Le commandant de la place de Vernon renouvelle dans des termes pressants les ordres pour la propreté des rues, ordres importants pour la salubrité, mais dont l'exécution était devenue difficile aux habitants, l'épidémie qui approchait alors du plus haut degré d'intensité qu'elle ait atteint, ne faisant pas moins de ravage parmi eux, proportion gardée, que parmi les troupes. Le nombre des morts dans les hôpitaux est de 250 par jour. On en fait chaque matin un tas dans lequel les corps sont arrangés par lits les uns au-dessus des autres, et que l'on enlève sans bruit. Le son des cloches, les cris nocturnes des *Nachtwacter* en usage dans les villes d'Allemagne sont défendus.

Bien qu'on ne fût encore qu'au commencement du blocus, toutes les provisions étaient rares. Le peu de viande fraîche qu'on pouvait se procurer était enlevé par les officiers de la garnison, qui, recevant leur solde, en donnaient le prix qu'on leur demandait. La plupart des troupeaux que les habitants avaient parqués dans divers jardins, sans aucun abri, avaient péri faute d'eau et de fourrages, après avoir mangé l'écorce des plus vieux arbres. Le soldat, dont la ration avait été fort réduite, vend ses effets d'habillement et d'équipement pour quelque argent, afin de pouvoir acheter les objets de consommation qui lui manquent. Tous les ordres du gouverneur pour empêcher ce trafic, dit Bürger, sont vains. Quelques hommes vendent même leurs armes.

Le 8, le gouverneur fait une chute grave sur la tête
en voulant monter à cheval après avoir passé une revue. Son cheval, mal tenu en main par le palefrenier,
à l'instant où il a le pied dans l'étrier, part avec trop
d'ardeur et le renverse avant qu'il ait eu le temps de se
mettre en selle. Il recouvre connaissance, travaille
encore les deux jours suivants; mais craignant de ne
pouvoir continuer, le 10, il consulte le conseil de défense sous la présidence du général Devaux, sur le
choix du général de division, comte Dutaillis, pour le
remplacer pendant sa maladie, et sur l'adjonction
au conseil de défense du colonel du génie Bernard.
Les membres du conseil donnent unanimement leur
approbation à ces deux propositions.

Le 17 est un jour de deuil pour Torgau : le gouverneur succombe à la fièvre épidémique de laquelle, le
12, il avait été atteint. Il emporte les regrets de l'habitant et du soldat. Le 18, on lui rend les derniers
devoirs. Bürger décrit ainsi la cérémonie : « La garnison forma la haie depuis la demeure de M. de Narbonne à l'angle de la boucherie jusqu'au bastion n° 8,
où il fut enterré, et qui a reçu son nom. Les gendarmes et les lanciers ouvraient la marche du convoi.
Les quatre coins du sarcophage étaient soutenus par
quatre sous-officiers; immédiatement derrière mar-
chait l'état-major général du défunt, le nouveau gouverneur avec les généraux, les autorités civiles qui
avaient été invitées, le corps d'officiers et beaucoup
d'employés. Le colonel Bernard prononça sur sa tombe
les paroles suivantes :

» GÉNÉRAUX, OFFICIERS ET SOLDATS,

» Nous pleurons autour de la tombe d'un chef qui

vivra à jamais dans nos cœurs ; nous pleurons sur les restes d'un des plus nobles débris échappés aux ravages de nos dissensions politiques.

» Votre auguste souverain perd un de ses plus fidèles sujets. La France perd un citoyen distingué par son énergie et par ses vertus sociales. Nous perdons tous un ami.

» Ministre ferme et courageux au milieu des orages qui ont agité notre belle France, pacificateur habile employé par le plus grand et le plus glorieux des monarques, le général comte de Narbonne, au milieu des cours comme au champ d'honneur, fut toujours bon et loyal Français.

» Il nous laisse de grands traits à admirer, de beaux exemples à suivre. Comme lui, nous saurons mourir à notre poste ; comme lui, notre vie entière est consacrée au service de la patrie et du souverain.

» Brave et vertueux Narbonne ! ton nom est déjà consacré dans les fastes de l'histoire, tu emportes les regrets de tes compagnons d'armes ; reçois leurs derniers adieux ! »

Il appartenait à celui qui, comme M. de Narbonne, était aide-de-camp de l'Empereur, de prononcer son éloge. Le colonel Bernard se montra l'interprète des regrets de la garnison, et fut fidèle dans toute sa carrière aux sentiments qu'il exprimait ; sa vie n'a-t-elle pas été aussi consacrée jusqu'à ses derniers instants au service de la patrie et du souverain !

M. de Narbonne était moins connu sous l'empire par ses services militaires que par les ambassades et les missions diplomatiques qu'il avait remplies auprès des cours de Bavière et d'Autriche. Il se trouvait en qualité d'envoyé au congrès de Prague lorsqu'il fut nommé gouverneur de Torgau. Quoique déjà âgé (il était né en 1755) , il montra dans son commandement de la force et de l'énergie , et fit exécuter avec fermeté les mesures rigoureuses qu'il avait ordonnées pour la défense. Rempli d'humanité , il ne prenait pas moins de soin du bien-être du soldat, dit Bürger, que de celui de l'habitant; à ces traits, ajoutons les suivants.

« D'un caractère droit, prévenant envers tout le monde, étrangers comme Français, M. de Narbonne , dit le colonel Girod de Novilars, faisait chérir le service de Sa Majesté. En arrivant à Torgau , il avait trouvé les officiers sans solde ; on ne pouvait régler la comptabilité des corps provisoires, dans lesquels souvent des officiers ne comptaient que pendant leur convalescence, et la ville était remplie d'officiers que des blessures ou des maladies avaient forcés de s'y arrêter. Le comte de Narbonne apprend que plusieurs sont embarrassés pour subsister ; il établit à ses frais dans la ville une table où sont admis sans distinction tous les officiers qui viennent s'y présenter. Tous y sont invités. Il soutient cet établissement jusqu'au moment où il obtient la solde des officiers. Chaque jour il avait bravé la maladie régnante en parcourant les hôpitaux, en passant en revue les hommes qui en sortaient, en s'arrêtant au milieu de ceux qui y entraient; s'occupant sans cesse d'améliorer leur sort, de les ranimer et d'encourager tous les employés des hôpitaux à bien faire leur devoir et à ne point redouter la maladie. »

§ IV.

Situation de la place lorsque le comte Dutaillis en prend
le commandement.

Après la mort de M. de Narbonne, le général Dutaillis prend le commandement en qualité de gouverneur. Dans un ordre du jour, il paie un tribut de
regrets à son prédécesseur, et pour honorer sa mé-
moire il décide que la garnison portera le deuil pendant un mois. Les membres du conseil de défense
arrêtent qu'il sera élevé sur la tombe de M. de Narbonne un monument simple. Ce monument existe :
on y lit le nom du défunt et ce peu de mots : *Honneur*,
vertu, courage.

Le général Lauer voit dans le commandement du
général Dutaillis une usurpation de pouvoirs, et sou-
lève deux fois cette question dans le conseil de défense, parce que, d'après toutes les ordonnances sur
le service des places (décret impérial du 24 décembre
1811, articles 32 et 33) : « Les officiers-généraux ou
supérieurs renfermés dans une place ne peuvent y
prendre le commandement supérieur qu'autant qu'ils
y sont autorisés par leurs lettres de service. » La réclamation du général Lauer n'est pas appuyée. Le
conseil maintient le général Dutaillis en possession du
commandement. Comme général de division, il était
plus élevé en grade que tous les autres officiers-généraux qui étaient dans la place. Le colonel Bernard
avait émis l'avis que les articles des ordonnances
n'étaient pas littéralement applicables à la circonstance.

On agite à cette époque la question de savoir s'il ne conviendrait pas de brûler les effets qui avaient servi aux hommes morts de la maladie régnante. On ne le fait pas, parce que la maladie ne se communiquait pas de manière à faire croire qu'il y eût contagion, et qu'une fois ce mot prononcé et accrédité dans la garnison, il eût fini par démoraliser les troupes. On doit rendre cette justice aux officiers du service de santé, qu'ils ne négligèrent rien de ce qui était nécessaire pour éloigner cette idée. On fait un triage des effets; on soumet à des fumigations les bons, dans de grandes pièces où ils étaient étendus et pénétrés par la vapeur des acides sulfurique ou muriatique, et l'on fait brûler par les forçats ceux qui étaient en lambeaux. Cependant l'ordonnateur Brevet, chargé du service de l'habillement, croit s'apercevoir que le triage des effets a facilité le développement de l'épidémie dans plusieurs de ses employés. On prend alors le parti d'ensevelir habillés les hommes couverts de lambeaux, et de jeter confusément tous les habits bons à garder dans des dépôts, sur la porte desquels on appose les scellés avec une inscription avertissant du danger qu'il pouvait y avoir à employer ces effets.

Au 14 novembre, la force de la garnison consistait en 743 officiers et 12,775 sous-officiers et soldats, partie valides, partie malingres, et 5,808 malades; total 19,326 hommes. Sur ce nombre 2,560 hommes, savoir, tous les officiers sans troupes, tous les employés et sous-employés de l'administration et quelques malades, ne recevaient que demi-ration de vivres, et 16,766 recevaient ration entière.

Il y avait encore pour 28 jours de pain à ration entière.
— 65 — de légumes, idem.

—	19 —	de sel.
—	13 —	d'eau-de vie.
—	7 —	de vin.
—	10 —	de vinaigre.
—	11 —	de viandes à 8 onces.
—	5 —	de bœuf salé.
—	3 — ½	de lard.
—	14 —	de tabac à 2 onces.

Il ne restait que 711 stères de bois.

Dès le 12, sur l'avis du conseil de défense, le nouveau gouverneur avait rétabli la ration des corps armés sur le pied de 24 onces de pain, 8 onces de viande, tantôt fraîche, tantôt salée, 1 once de riz ou 2 onces de légumes secs et 1/4 de litre de vin. Ces fixations ne subissent pas de changement important jusqu'au 1er décembre; seulement la ration d'eau-de-vie alterne avec celle de vin. Le 22, la ration de viande fraîche est remplacée par 4 onces de bœuf salé. La ration de riz et celles équivalentes de légumes secs ou de pommes de terre sont doublées.

La faible quantité de viande qui est en approvisionnement détermine l'ordonnateur en chef à demander à l'inspecteur-général du service de santé son avis sur l'usage de la viande de cheval salée. M. Desgenettes lui répond : « La viande de cheval salée, distribuée modérément à des hommes sains avec un mélange de légumes frais ou secs, n'offre point d'inconvénients majeurs dans les circonstances ordinaires; mais je ne puis répondre de ce qui arrivera à des corps exténués comme ceux que présente la garnison. Mon avis est donc que l'on ne procède à cette distribution que comme un essai sur lequel l'expérience prononcera. » On s'occupe de saler 50 à 60 quintaux de viande de cheval. Le gouverneur ordonne en outre au bourg-

mestre de réserver sur le troupeau qui appartient à la
ville cent têtes qui seront à la disposition de la garnison.

Le 25, il fait saisir toute l'orge qui est dans les
brasseries, pour s'en servir en place de blé, si plus
tard la nécessité l'y oblige. On reconnaît dans toutes
ces mesures une sage prévoyance.

Le service du vin n'était assuré que pour un petit
nombre de jours; mais on avait la ressource des caves
du roi de Saxe qui renfermaient 50,000 litres de vin.
On ne pouvait pas compter sur la bière qui était encore à être fabriquée, et dont on ne fit jamais aucune
distribution.

Voici le détail de la situation de la garnison au 20
novembre.

	OFFICIERS.	SOUS-OFFICIERS ET SOLDATS	
		Valides.	Malingres ou convalescents.
État-major de la place	100	8	»
Gendarmerie.	1	28	»
Artillerie	64	1287	457
Génie.	20	457	174
Brigade extérieure	51	1119	184
Brigade de la ville.	121	2062	943
Brigade de la tête de pont. . . .	40	755	»
Dépôts.	89	»	1375
Cosaques polonais.	4	100	»
	490	5816	3133
Hessois et Wurtzbourgois qui quittè-rent la place.	40	1203	»
Non combattants.	301	785	185
Totaux. . . .	831	7804	3318
		11953	
Malades. . . .		5189	
Total général. .		17142	

La comparaison de ce total avec celui de la page 17 donne une différence de 7,508, qui est la perte faite dans l'espace d'un mois. Les registres des hôpitaux n'accusent que 7,089 morts; l'excédant, 419, représente les pertes causées par la désertion et par les morts subites qui étaient assez fréquentes dans les ouvrages, et particulièrement dans la tête de pont. Ces morts, produites par le typhus porté à un haut degré chez les individus qui étaient frappés, arrivaient sans être précédées d'aucun signe extérieur qui avertît d'aviser au moyen de les prévenir.

Le 22 au matin, l'ennemi ouvre contre le poste de la Scierie le feu de deux obusiers et de deux canons de 12, que pendant la nuit il avait masqués derrière deux digues et une des chaussées qui conduit à Loswig. Après un tir prolongé, ces pièces causent quelques dommages aux palanques et au blockhaus qu'elles prenaient de flanc et d'écharpe; et sur la fin du jour, elles mettent le feu au bâtiment de la Scierie qui était en bois. Le gouverneur envoie un détachement de 300 travailleurs armés pour réparer le dégât qui avait été fait, et exécuter une communication pour arriver à couvert de la Scierie à la plate-forme de la pièce qu'on avait été obligé de retirer. Mais l'incendie que l'ennemi avait allumé lui permettant de voir les travailleurs sans en être vu, un hourra qu'il fait en arrivant à l'improviste sur eux, occasionne l'abandon du poste; il y entre sans coup-férir, ce qui ne l'empêche pas de publier dans ses journaux un pompeux rapport sur ce succès. Le gouverneur avait fait marcher par la rive gauche du Schwarz-Wasser un détachement d'infanterie qui devait soutenir les travailleurs; mais cette troupe s'égara ou s'arrêta en chemin, et ne remplit

pas sa mission. Au reste, la perte du poste était iné-
vitable le lendemain, si elle n'eût pas eu lieu quelques
heures plus tôt; la garnison ne pouvait et ne devait pas
garder un poste aussi éloigné et si difficile à défendre.
On tiraille toute la journée du 23 dans le faubourg de
Dresde, et l'on met le feu au reste de ses maisons qui
n'avaient pas encore été démolies.

La nuit du 24, l'ennemi fait l'essai de ses obus sur
la tête de pont et en même temps sur la ville, comme
pour avertir les habitants du genre d'attaque auquel
ils allaient être exposés. Nos troupes se retirent derrière le Schwarz-Graben, dont on fait sauter, les jours
suivants, tous les ponts par la mine.

La grande inondation était tendue depuis long-
temps à sa plus grande hauteur devant les fronts 1—2
et 2—3. Le Schwarz-Graben était aussi depuis long-
temps rempli devant les fronts 3—4, 4—5. On eut à
fermer, pour tendre l'inondation devant le front 5—6,
plusieurs voies d'eau qui s'étaient ouvertes dans la
digue qui la soutenait. La précipitation avec laquelle
on avait travaillé à la construction de cette digue et
l'hétérogénéité des terres et matériaux qu'on avait dû
y employer expliquent naturellement cet accident auquel on remédia. Mais on s'aperçut par la diminution
de l'eau d'alimentation que l'ennemi avait rétabli les
écluses du grand étang.

Les travaux de défense n'étaient plus exécutés à
cette époque que par les sapeurs, les ouvriers militaires de la marine et les soldats du train d'artillerie. Vu
son état de faiblesse et d'épuisement, l'infanterie de la
garnison ne pouvait y prendre aucune part. Le 24, le
gouverneur permet aux troupes des grands-duchés de
Würzbourg et de Hesse-Darmstadt de sortir de la

place, sous la condition qu'elles ne serviraient pas contre la France avant un an. On remarquait journellement, dit Bürger, combien la garnison était diminuée; le nombre des soldats qui circulaient dans les rues n'était pas à beaucoup près aussi considérable; on les voyait entrer en foule dans les hôpitaux. Ceux qui étaient parfaitement valides étaient en si petit nombre, qu'ils suffisaient à peine pour occuper convenablement tous les postes. Il n'était point rare de voir des soldats entrer à l'hôpital en descendant la garde, et de voir y retourner ceux qui, se croyant rétablis, en étaient sortis pour reprendre leur service. La plupart, semblables à des spectres et pouvant à peine porter leurs armes, se traînaient lentement et tombaient d'inanition en quantité dans les rangs. On se bornait à garder les ouvrages extérieurs qu'il était de toute nécessité d'occuper. On rapporte, ajoute Bürger, qu'un poste resta soixante heures sans être relevé, faute d'hommes qu'on pût y envoyer.

L'ennemi, qui n'ignorait point qu'une épidémie régnait dans la place, faisait faire une quarantaine de trois jours aux personnes qui en sortaient.

§ V.

Défense du fort Zinna, et bombardement de la place par l'ennemi.

Le chemin couvert du fort Zinna étant faiblement palissadé, les talus de ses fossés ouverts dans un terrain sablonneux, étant à terres coulantes, et par conséquent d'un facile accès, enfin, les travaux de sa gorge n'étant pas terminés, ce fort paraissait d'autant moins être à l'abri d'un coup de main, qu'à raison de

son grand éloignement de la place, il n'aurait pas pu
en recevoir de secours dans une attaque de nuit. Toutefois, les trois blockhaus de ses dehors et les caponnières pour y communiquer, ainsi que les réduits qui
étaient à sa gorge, le rendaient respectable, bien que
tous ces ouvrages ne fussent pas achevés. Mais ce qui y
contribua le plus, ce fut l'attitude de défense que sut
prendre le général qui y commandait, et qui peut être
proposée pour modèle. Le général Durrieu prouva ce
que peut un bon général lorsqu'il veut bien se défendre et qu'il y emploie ses talents et sa fermeté. Il avait
fait disposer dans tous les ouvrages des piques d'assaut,
des grenades à main et des arbres roulants. Toutes les
pièces des flancs étaient chargées chaque soir à mitraille.
Les troupes couchaient tout habillées, la giberne sous
la tête. Les emplacements de défense étaient assignés;
partout il y avait des réserves. Pendant la nuit les chemins couverts étaient gardés, et des sentinelles étaient
placées en arrière d'un escarpement de terrain qui
était en avant du bastion 2, et qui aurait permis à une
colonne venant de Welsau d'arriver et de se former
sans être vue à 40 mètres du chemin couvert de ce bastion. Les Cosaques polonais éclairaient la plaine à la
gauche du fort. Les blockhaus et les caponnières avaient
des postes permanents de 60 hommes. Chaque soir, à
la retraite, chacun prenait sa place contre un coup de
main ; ceux destinés à jeter les grenades et à détacher
les arbres roulants étaient désignés, et, à la moindre
alerte, tout le monde prenait les armes. Cette attitude
fatigante était peut-être la seule, dit le général Durrieu
dans son rapport, qui pût préserver d'une surprise ou
d'un affront. On travaillait beaucoup le jour, et on re-
posait souvent très peu la nuit.

Le major Charrière, qui commandait le fort Mahla, qui était à peu près dans le même état que le fort Zinna, y faisait observer les mêmes précautions.

Les ouvrages de la rive droite étaient également bien gardés.

Enfin, dans la place, le général Brun avait assigné aux troupes sous ses ordres les postes où elles devaient se rendre si elles entendaient battre la générale en cas de tentative de l'ennemi sur le corps de place. Les officiers disponibles dans les dépôts sous le général Lauer devaient, par ordre du gouverneur, se réunir en une compagnie appelée *compagnie d'honneur*.

1re *nuit*.

La nuit du 26 au 27, l'ennemi ouvre la tranchée devant le front 2-3. Il ébauche une parallèle et arme deux batteries. Une épaisse obscurité et la nature sablonneuse du terrain, jointes à l'ordre et au silence parfait qu'il fait observer à ses troupes, lui permettent de nous dérober la connaissance de son travail. Les sentinelles du chemin couvert n'entendirent rien. La droite de sa parallèle était à environ 440 mètres du chemin couvert du bastion 2 ; une de ses batteries, armée de 3 pièces de 12 et de 2 mortiers, était sur le prolongement de la face droite de la demi-lune 2-3 ; la seconde, sur le prolongement de la capitale de cet ouvrage, contenait deux mortiers A neuf heures du matin elles ouvrent leur feu et démontent une des pièces du fort. Nos canonniers, dirigés par le chef de bataillon Forgeot, qui commandait l'artillerie, leur répondent avec bravoure et sang-froid. On tire de part et d'autre 600 coups.

La force de la brigade extérieure était alors réduite à 955 hommes; 654 étaient dans le fort Zinna, 230 dans le fort Mahla, avec une compagnie de sapeurs, et 71 dans la lunette Répitz. Dès la première nuit et toutes les nuits suivantes, jusqu'à la fin du siége, le gouverneur envoie au fort Zinna un renfort de 250 hommes de la place et un détachement du train d'artillerie. Le général Bouchu et les colonels Novilars et Bernard le visitent tous les jours, et, suivant le témoignage du général Durrieu, ils augmentèrent sa confiance par les instructions qu'ils donnaient dans leurs armes.

Dès la première nuit, le commandant du génie Marcelot prend la direction des travaux de défense. Le général Durrieu remercie le gouverneur de lui avoir envoyé cet habile officier, connu par sa bravoure, son activité et sa rare intelligence. Les blindages des blockhaus étaient posés, mais n'étaient pas chargés de terre. Les caponnières n'étaient pas couvertes et ne l'ont jamais été. Celle de la gorge n'a pas été faite. Les réduits étaient dans le même état que les blockhaus. Les seuls abris sûrs des troupes contre les bombes étaient les trois poternes, qui pouvaient contenir chacune 60 hommes au plus. Le commandant Marcelot en fait faire de nouveaux dans le talus intérieur du rempart du front d'attaque.

La même nuit l'ennemi fait une fausse attaque sur la rive droite, sur la lunette Zwethau et sur la tête de pont. Il travaille à une batterie derrière la digue qui unit les villages de Werda et de Kreyschau. Cette chaussée, assez élevée pour cacher un homme à cheval, le favorise dans ses travaux pour consolider le sol et le rehausser. Il y met un obusier et trois mortiers.

2e *nuit du 27 au 28.*

L'ennemi lance contre le fort environ 350 obus et 600 boulets. Une partie de ces projectiles, mal dirigés, tombe près du cimetière, qui était à peu de distance en arrière du fort. En ce moment des voitures mortuaires y entraient. Les conducteurs épouvantés détellent leurs chevaux et prennent la fuite; les voitures restent chargées près des fosses jusqu'après la prise de Zinna, que l'ennemi donna la sépulture aux morts avec de la chaux qui lui fut apportée de la ville par les prolonges du génie.

On reconnaît au jour qu'il a construit une redoute pour appuyer la droite de sa parallèle; qu'il a commencé 2 nouvelles batteries, l'une pour 5 pièces sur le prolongement de la face gauche de la demi-lune d'attaque, et l'autre pour 4 mortiers à côté de la batterie de canons de sa droite; enfin, qu'il a ouvert quelques trous de loup en avant de sa parallèle. Il prend pour une sortie du fort une patrouille ordinaire de 20 hommes qui s'avancent à la pointe du jour d'un des blockhaus vers de petits enfoncements de terrain situés en avant du bastion 3. Suivant son usage, il fait insérer dans les gazettes un brillant rapport sur la manière dont il a repoussé cette sortie.

Dans la place, on achève le barrage de l'inondation devant le bastion 6, et l'on prépare des barrières pour les forts Mahla et Zinna.

La ville offre à cette époque un affreux spectacle. La mortalité y est augmentée d'une manière effrayante. On trouve, en ne prenant que le chiffre des hôpitaux, le seul exactement connu, qu'elle est de 300 militaires

par jour, quelquefois de 320, et même un jour de 336.
L'accident que nous avons rapporté ayant fait suspen-
dre les sépultures, et le commandant de place ne
pouvant suffire à la police, les cadavres s'entassent
dans les dépôts des hôpitaux, dans les rues, les ruelles
et sur les remparts : heureusement qu'un froid vif
gèle les corps. Sans cela, qui sait le caractère que l'é-
pidémie eût pu prendre! Obligé de renoncer au cimetière extérieur, le gouverneur accorde aux habitants
une partie du jardin du château, et affecte à la garnison l'ancien fossé de la place, situé derrière les écuries du roi. Mais on abandonne bientôt cet emplace-
ment à cause de sa proximité de la ville. Les cadavres
s'accumulant, on les jette dans l'Elbe. Le spectacle de
cette inhumation paraît si révoltant, dit Bürger, que,
sur les représentations des autorités civiles, on prend
le parti de transporter les corps de l'autre côté du
fleuve, et de les enterrer entre la rive droite et la tête
de pont. On suspend à cet effet les travaux, et l'on commande une corvée nombreuse pour ensevelir environ
900 morts qui restaient des jours précédents. Les soldats exécutent cet ordre comme un devoir religieux.
Les fatigues, les privations, les services les plus rebu-
tants ne leur arrachent pas une plainte, pas un mur-
mure. On couvre les corps de terre et de chaux vive.

3e *nuit du* 28 *au* 29.

L'ennemi fait à sa parallèle une communication partant d'un bas-fonds en avant du village de Zinna. On
reconnaît qu'il a ouvert de nouveaux trous en avant de
ses tranchées. Il les agrandit et y place des hommes qui

tirent à nos embrasures. Sa redoute bien gabionnée
est achevée.

Notre artillerie transporte des pièces de gros calibre
sur les fronts de la place d'où l'on peut soutenir les
forts Zinna et Mahla. Les soldats du train des équipages laissés pour la garde du rempart sont employés aux
travaux de la défense.

Le matin à cinq heures, l'ennemi jette quelques
bombes et boulets dans la ville.

4ᵉ nuit du 29 au 30.

Le colonel Jamin fait à dix heures du soir une sortie
de la tête de pont, et se porte jusqu'à Kreyschau.

L'artillerie ayant 20 pièces en batterie dans le fort
Zinna, savoir : 7 qui sont dirigées sur la batterie de
gauche de l'ennemi, 9 sur celle du centre, et 4 sur sa
redoute, ouvre au jour un feu vif, qui, soutenu par
quelques pièces dans le bastion 5 de la place, prend
la supériorité sur celui de l'assiégeant. Ses bombes
continuent néanmoins à incommoder beaucoup la
garnison du fort, et à faire sentir de plus en plus la
nécessité d'achever les blindages qui sont commencés.
Elles démontent une pièce et incendient les casernes
du fort. On remplace les palissades détruites par le
canon.

5ᵉ nuit du 30 au 1ᵉʳ décembre.

L'ennemi jette dans la ville, pendant la nuit, quelques bombes qui allument de petits incendies que l'on
éteint.

Pendant le jour, le feu est vif de part et d'autre. Notre artillerie tire 1,070 coups de Zinna et 100 de Mahla.

Elle réduit les batteries de l'ennemi au silence. Cependant une d'elles ayant rouvert son feu contre le bastion n° 2, le général Durrieu lui oppose de bons tireurs qu'il fait placer dans la place d'armes saillante de la demi-lune 2-3, et dans cet ouvrage même. Leur feu impose à celui de la batterie.

6ᵉ et 7ᵉ nuits du 1ᵉʳ au 3 décembre.

Le gouverneur échange avec le général Tauentzien, sur la reddition de la place, diverses propositions qui n'ont pas de suite. Il en retire cet avantage que, pendant les pourparlers, le feu cesse des deux côtés, les troupes de la garnison ont un peu de repos, et l'artillerie ne consomme pas ses munitions.

On reconnaît à la disposition des trous de l'ennemi et à la manière dont il les a agrandis, qu'il a l'intention de les lier entre eux pour en former une communication à une seconde parallèle. Quelques hommes jetés hors des palissades gênent l'arrivée des tirailleurs ennemis à leurs trous.

Nos lanciers font prisonniers, sur les bords du grand étang, quatre officiers prussiens.

Le gouverneur témoigne, dans un ordre du jour, sa satisfaction aux défenseurs de Zinna. Ils étaient, à cette époque, réduits à 600 hommes, non compris l'artillerie; ceux de Mahla, à 204 hommes, compris 60 sapeurs, et ceux de Répilz à 50 hommes.

Pendant les douze premiers jours de décembre, la ration de pain de la troupe reste fixée à 24 onces. Celle de viande ne consiste plus qu'en bœuf salé à raison de 4 onces, ou en lard à raison de 2. La ration de riz était de 2 onces, ou remplacée par 3 onces de lé-

gumes secs, ou 6 onces de pommes de terre. La situation des caves ne permet de faire au soldat qu'une
distribution d'eau-de-vie et deux de vinaigre. Il n'est
rien changé à la composition des rations affectées à
chaque grade d'officier et d'employé d'administration,
et aux hôpitaux.

8ᵉ *nuit du 3 au 4 décembre.*

L'ennemi bombarde sérieusement la ville et y met
le feu en plusieurs endroits. Trente maisons sont plus
ou moins endommagées. Quelques militaires s'expo-
sent pour arrêter les incendies, mais ils ne sont pas
secondés par les habitants, qui se réfugient dans leurs
caves. Le surintendant et le bourgmestre, accompa-
gnés de plusieurs citoyens, s'adressent vainement au
gouverneur pour obtenir l'autorisation d'envoyer une
députation au comte Tauentzien, à Dommitzsch.

L'ennemi avait des batteries incendiaires sur les
deux rives; celles de la rive gauche étaient près du
poste de la Scierie; celles de la rive droite, derrière la
digue la plus rapprochée de la tête de pont.

Il règne pendant le jour un brouillard. Le feu est
interrompu de part et d'autre. Le général Durrieu ap-
prouve l'idée du commandant Marcelot de revêtir en
planches les saillants des bastions 2 et 3 et la courtine
entre ces bastions. On commence ce travail. On
achève un blindage à l'épreuve pour 60 hommes; il
est d'autant plus utile que les bombes de l'ennemi
traversent les réduits blindés de la gorge qui ne sont
pas chargés de terre. Enfin, ne pouvant pas défendre
les chemins couverts, que l'on occupe cependant, on
en détruit les traverses.

9ᵉ, 10ᵉ *et* 11ᵉ *nuits du* 4 *au* 7.

Le gouverneur renvoie à l'ennemi les quatre officiers faits prisonniers, et profite de cette occasion pour entrer en pourparlers avec le comte Tauentzien, en prenant pour base de la capitulation que la garnison rentrerait en France. Le général ennemi déclare que cette condition est inadmissible. Le gouverneur lui envoie le général Brun pour lui faire d'autres propositions.

Pendant ces négociations, qui durent trois jours et trois nuits, le bombardement de la ville est interrompu ; le feu cesse des deux côtés. Mais l'ennemi continue ses travaux ; il perfectionne sa communication avec le village de Zinna et la redoute de sa droite, et paraît vouloir unir ses trous de loup. Le commandant Marcelot achève le revêtement en planches des bastions 2 et 3, et dispose dans le fossé de la gorge du fort une estacade, presque équivalente à des chevaux de frise, et consistant dans des roues de caissons enlacées dans des brouettes, et liées par des chaînes en fer provenant des caissons.

L'épidémie ne cesse pas de faire de grands ravages dans la place. On trouve des soldats morts dans les chambres, dans les ambulances régimentaires, en faction. Les troupes de l'artillerie, du génie et de la marine conservent seules un peu de vigueur et de santé. Les autres n'ont ni bonne ni mauvaise volonté, mais leurs forces, au moral et au physique, sont épuisées ; une insouciance chez elles, qui approche de la stupidité la plus absolue, est à son comble ; les soldats en faction ne peuvent même faire respecter leurs consignes. Le train des équipages militaires, qui ne connaît pas encore le maniement des armes, fait la plus grande force numérique de la brigade du général Brun. Le gouverneur donne des armes à tous les employés de l'armée.

On remarque que les gelées ont fait baisser singulièrement les inondations, qui, pour se soutenir dans un bassin de sable en partie, devraient être constamment entretenues par les eaux supérieures dont l'ennemi a arrêté le cours. Cependant elles ont produit leur effet : les terres imprégnées d'eau acquièrent une grande dureté par le froid, et celles qui en sont préservées par une croûte de glace seraient impraticables pour les travaux d'une sape.

La garnison éprouvant une grande pénurie de bois de chauffage, on démolit les voitures des équipages et toutes celles de l'artillerie qui étaient inutiles, pour les faire servir à cet usage. Le gouverneur accorde aux habitants qui éprouvaient la même disette des bois provenant de démolitions.

Il se fait livrer quarante têtes du troupeau de la ville, aux prix qui étaient convenus, et fait moudre l'orge qui avait été saisie chez les brasseurs. Il y avait à cette époque plusieurs articles de consommation qu'on ne pouvait se procurer qu'à des prix exorbitants. Le café et le sucre coûtaient 35 fr. la livre, le pot de la plus mauvaise eau-de-vie, 7 fr. 30, 7 fr. 80; le pot du plus mauvais vin, 11 fr. 30. La bière était rare. Le prix de la viande fraîche était de 1 fr. 50 à 1 fr. 80 la livre. Les habitants s'étant heureusement approvisionnés de farine, ne manquèrent pas de pain, qui suffit dans un besoin extrême, et qu'on ne peut suppléer.

12ᵉ *nuit du 7 au 8 décembre.*

Celte nuit et les trois suivantes l'ennemi bombarde la ville. Ses batteries incendiaires, plus rapprochées de la place, sont situées en avant du front 2-3 ; elles produisent plus d'effet : sept maisons sont entièrement brûlées dans la rue de Leipsig, un grand nombre d'autres sont endommagées. Les habitants, réfugiés dans leurs caves, n'en sortent que le jour pour voir les dégâts que les bombes ont faits. Les Français, on ne saurait le nier, dit Bürger, montrent dans cette occasion beaucoup de courage ; ils se portent aux endroits les plus périlleux, soit pour éteindre le feu, soit pour aider à enlever des maisons ce qu'on peut en sauver. Quelques hommes profitent de la circonstance pour se faire payer le prix des objets qu'ils ont préservés.

Le gouverneur autorise le sous-intendant à se rendre au quartier-général du comte Tauentzien pour le prier d'épargner la ville. Il lui donne en même temps la mission de faire de nouvelles ouvertures au général ennemi sur l'évacuation de la place, sous la condition que la garnison rentrera en France. Cette mission n'a pas de succès.

La lunette Loswig et les bastions 1, 2 et 3 contre-battent les batteries incendiaires, mais ne peuvent les réduire au silence. Le feu de la tête de pont prend au contraire la supériorité sur celui de l'ennemi, qui cesse de tirer avec justesse sur cet ouvrage. Par suite de l'harmonie qui existe entre l'artillerie et le génie, les officiers de ces armes, les capitaines Foltz et Lenoir, alternent l'un avec l'autre, dans la tête de pont, pour le service des bouches à feu.

Attendu la diminution de la force de la garnison, et la grande quantité de soldats qui, malingres ou convalescents, ne peuvent faire aucun service, le gouverneur est résolu de faire rentrer prochainement la brigade extérieure dans la place. Il en donne avis au général Durrieu, et lui ordonne de faire sauter tout ce qui est maçonnerie dans les forts Zinna, Mahla et Répitz. Dans le premier de ces forts, les trois poternes et deux magasins sont livrés aux mineurs ; les réduits sont découverts, et les blockhaus remplis de fascines. On fait le même travail à Mahla et à Répitz.

L'ennemi chemine de jour en partant de ses trous de loup, et les unit de manière à annoncer l'intention d'une seconde parallèle. Les ingénieurs français s'étonnent de cette marche lente devant un ouvrage en terre dont les défenses sont en désordre.

13 *nuit du 8 au 9.*

L'ennemi jette 300 bombes dans le fort Zinna, qui lui répond par 270 coups de canons. 4 hommes sont tués par les bombes, et 12 blessés.

Le 9 au matin, on voit très distinctement que ses trous de loup forment à sa droite une portion de seconde parallèle, de laquelle part un feu très vif.

14° *nuit du 9 au 10.*

Continuation du bombardement de la ville et du fort Zinna. Les commandants d'artillerie et du génie jugent que le moment de l'évacuation est venu, parce que les travaux de mines qui ont été faits dans les poternes empêchent de communiquer avec les dehors. Le colonel Bernard, qui a visité le fort tous les jours,

est du même avis. L'ennemi est informé des prépara-
tifs qu'on a faits et de leur objet par quatre ouvriers
flamands de la marine qui désertent.

15ᵉ *nuit du* 10 *au* 11.

Cette nuit est fixée pour l'évacuation du fort. Pour
en assurer l'exécution, le gouverneur fait disposer en
bataille par le major Deschanges une réserve de 150
hommes et de 50 gendarmes, la gauche au glacis de
la place et la droite à la gorge du fort, où sont 4 pièces
de campagne sous les ordres du lieutenant Espéron-
nier (1). A dix heures du soir, on retire toute l'artillerie, à l'exception de deux pièces qu'on laisse en batterie pour imposer à l'ennemi, mais qui ne lui seront
pas abandonnées. A deux heures du matin, des hommes
franchissent le parapet et vont allumer les matières
incendiaires qui remplissent les blockhaus. La garnison
se met en marche vers Mahla. Les ficelles des mines
conduites à la gorge du fort étaient encore entre les
mains du commandant Marcelot, du capitaine Lenoir
et de son lieutenant Henry. A deux heures et demie,
elles sont lâchées, et l'on croit entendre les cinq ex-
plosions qui devaient avoir lieu.

Mais le général Durrieu veut s'assurer de l'effet des
mines; il se rapproche du fort avec 50 gendarmes, et
avec 10 d'entre eux qui mettent pied à terre il y entre.
Trouvant la poterne n° 1 intacte, il rappelle le commandant Marcelot, les mineurs et cent ouvriers de marine pour achever l'ouvrage. L'amorce du saucisson de
la mine qui avait manqué s'était trouvée mêlée avec le

(1) Aujourd'hui colonel, député et commandant en 2ᵉ de l'Ecole Polytechnique.

sable dont on avait dû la couvrir pendant le jour. On
met une seconde étoile, le feu ne prend pas. Pendant
qu'on préparait une nouvelle disposition, le mineur
Dereins, craignant qu'on ne manquât le coup en le
différant, et que l'honneur de sa compagnie ne fût
compromis, prend un tison dans un bivouac et allume
bravement la mine, dont l'explosion le tue à vingt pas.
«Les motifs de cette témérité sont si beaux, dit le général Durrieu dans son rapport, que c'est un trait à
consacrer parmi les plus éclatants de la bravoure.»

Le capitaine Davezac pense qu'on a aussi le temps
de ramener les deux pièces, et le fait avec les chevaux
de la batterie de campagne envoyée de la place.

Le général Durrieu laisse 400 hommes dans le fort
Mahla, et 80 à Répitz, et rentre dans la place à quatre
heures du matin avec les ouvriers de la marine. L'ennemi prend possession du fort Zinna à huit heures.

La perte des défenseurs ne fut que de 28 hommes
tués et de 102 blessés. L'ennemi a cependant tiré sur
le fort près de 3,000 bombes et autant de boulets. Le
fort lui a renvoyé à peu près une égale quantité de
projectiles. Pendant le siége, le bataillon des ouvriers
de la marine gardait principalement les blockhaus et
les caponnières qu'il avait construits; il bordait les
remparts du fort avec la plus grande intelligence; il
était chargé de jeter au besoin les grenades et de détacher les arbres roulants, exécutait une partie des travaux du génie, partageait le service de cette arme;
faisait tout en un mot fort bien, et avec le plus grand
dévouement. Le digne chef de cette excellente troupe
était M. Gilbert; les officiers sous ses ordres, les capi-

taines Guillemard et Philippe, les lieutenants Zedé (1) et Hardon.

« La justice veut aussi, dit le général Durrieu en terminant son rapport, que je rende témoignage de mon aide-de-camp, M. de Viterne (aujourd'hui lieutenant-colonel), qui a été fort utile par la surveillance qu'il a exercée, surtout pendant la nuit, sur les différentes parties du service. »

La défense de Zinna rappelle celle des redoutes détachées de Kehl, auxquelles le prince Charles fit, en 1796, tous les honneurs d'un siége dans les règles. Elles étaient soutenues par une armée ; les défenseurs de Zinna furent soutenus par tous les moyens dont la place pouvait disposer.

Le 11, le gouverneur permet au surintendant de se rendre au quartier-général du comte Tauentzien.

§ VI.

Défense de la place jusqu'à sa reddition. — Texte de la capitulation. — Elle est violée par l'ennemi.

16ᵉ et 17ᵉ nuits, du 12 au 13 décembre.

L'ennemi continue pendant ces deux nuits le bombardement de la ville. De nombreux drapeaux noirs placés au-dessus des hôpitaux et des maisons qui renfermaient des malades donnent à la cité un triste aspect. De nouveaux incendies se manifestent. Le major Finot et l'ingénieur Zédé se distinguent au milieu du feu dont ils cherchent à arrêter les progrès.

(1) Ingénieur, membre du conseil des travaux de la marine.

Le 12, le surintendant fait un nouveau voyage à Dommitzsch, et reçoit la parole du général ennemi qu'on ne tirera plus sur la ville.

Le bombardement cesse en effet vers le milieu de la 17e nuit et n'est plus repris.

Depuis que la garnison de la place a été renforcée par celle du fort Zinna, les remparts sont gardés, on est sans inquiétude. Néanmoins on prend toutes les précautions nécessaires contre une attaque de vive force. On rompt les ponts des demi-lunes de Dresde et de Leipsig; on casse la glace des fossés; on place des rouleaux d'escalade sur les remparts comme on l'avait fait à Zinna, et l'on prépare les moyens pour arroser les talus des remparts et les revêtir d'un rempart de glace.

Au 12 novembre, lorsque l'épidémie sévissait avec le plus de force, le conseil de défense, dans la prévision qu'il ne restât bientôt plus d'hommes en état de porter les armes, tandis qu'il resterait encore des vivres dans les magasins, avait été unanime pour donner aux soldats, ainsi que nous l'avons dit, ration entière. Les hôpitaux ayant reçu toutes les améliorations que les circonstances permettaient, l'augmentation des subsistances était le seul moyen qui fût à sa disposition pour conserver les hommes, de manière à n'être forcé de se rendre que faute d'hommes et en même temps faute de vivres.

Les circonstances étant différentes, à dater du 12 décembre, le gouverneur réduit la ration de pain à 18 onces, et celle de bœuf salé à 3 onces. Les rations de riz et de légumes ne changent pas. Du 12 au 18, il est fait une distribution d'eau-de-vie et deux de vinaigre, et une distribution de tabac à raison de 4 onces par

homme. Le gouverneur fait payer aux troupes la seconde quinzaine de novembre, et le mois d'octobre
aux officiers-généraux, supérieurs et autres sans
troupes.

18ᵉ et 19ᵉ nuits, du 13 au 15.

L'ennemi s'établit dans le fort Zinna et construit
dans la demi-lune du front 1-2 une batterie de deux
pièces de 12 et de deux obusiers, pour tirer sur le fort
Mahla. Les bastions 4, 5, 6 et 7 de la place couvrent
le fort Zinna de bombes, boulets et obus. Le feu des
batteries incendiaires du faubourg de Dresde est dirigé
sur les bastions 1, 2 et 3. Sur la rive droite, l'ennemi
se tient derrière la digue qui lui sert de parallèle et ne
fait pas de progrès.

Le froid augmentant, l'eau des fossés gèle de plus
en plus, et la glace porte en quelques endroits. Des
pontonniers et des sapeurs avec de fortes corvées la
cassent journellement dans tout le pourtour de la
place au moyen de barques qu'ils ballotent et avec des
masses. On redouble de surveillance pour prévenir les
surprises; les pièces des flancs sont chargées à mitraille et les postes des canonniers augmentés.

Le 15, le gouverneur entre pour la troisième fois en
pourparler avec le comte Tauentzien. Les négociations
sont conduites avec habileté par le général Brun. On
convient verbalement que le feu cessera de part et d'autre, et que si au 25 la place n'est pas secourue, il sera
consenti une capitulation à terme, pour l'évacuer le
5 janvier; jour auquel elle devait entièrement manquer de vivres, si les calculs que, d'après la mortalité,
on avait faits sur les consommations étaient exacts.

MM. Lambert, Lamartillière et le baron de Gémoq

envoient au pasteur Koch, au nom de l'administration
française, 3,500 fr. au profit des pauvres qui avaient
souffert du bombardement ou de l'interruption des
travaux. Les officiers du service de santé donnent pour
ces malheureux un jour de leur solde, le comte Du
Taillis 500 fr., le commandant de place de Vernon
100 fr., plusieurs officiers 500 fr.

20ᵉ, 21ᵉ, 22ᵉ et 23ᵉ *nuits, du 16 au 19.*

Le feu cesse de part et d'autre, mais on continue
les travaux. L'ennemi ouvre dix embrasures, dans la
demi-lune 1-2 de Zinna, contre le fort Mahla. On travaille dans ce fort pour s'y maintenir; on y fait des traverses, on couvre en terre le réduit de la gorge; enfin
on achève la caponnière qui communique avec la
place.

Dans les négociations qui ont lieu relativement à
la capitulation, le général ennemi demande que lorsqu'il entrera dans la place, il y ait encore pour quinze
jours de vivres pour les malades et les convalescents,
afin qu'il ait le temps de pourvoir à leur subsistance.
Cette proposition est repoussée par le conseil de défense qui est d'avis de ne réserver que huit jours de
vivres pour 6,000 malades ou convalescents, à raison
de 12 onces de pain, 5 onces de viande et 1 once de
riz par homme et par jour. Cette décision sert de base
aux négociations ultérieures.

Du 19 au 26.

A dater du 19 et jusqu'à la fin du siége, le soldat
est nourri de viande de cheval. Pendant les treize derniers jours de décembre, il reçoit, dix jours, 8 onces

de viande de cheval fraîche, et, trois jours, 3 onces de
lard salé. Il y a trois distributions d'eau-de-vie et six
de vinaigre. Les rations de riz et de légumes sont un
peu augmentées. Enfin, sur les treize jours, il y en a
cinq pendant lesquels la ration de pain de 18 onces
est remplacée par 15 onces de biscuit.

Le baron Desgenettes témoigne des craintes sur ce
que la ration de cheval, fixée à 8 onces, lui paraissant
trop forte, elle n'entretienne ou ne donne la diarrhée.
Ces craintes ne se confirment pas. L'état sanitaire de
la garnison s'améliore visiblement depuis l'espèce de
suspension d'armes consentie par l'ennemi. Les sorties des hôpitaux sont aussi plus nombreuses.

Le service du chauffage continue à se faire par le
brûlement des pontons, voitures d'artillerie et caissons
des vivres.

La fourniture de la viande fraîche aux hôpitaux n'é-
tait assurée que pour neuf jours à raison de 5 onces la
ration, et il ne restait que 3,500 litres de vin. Le gouverneur adresse une réquisition au conseil de la ville
pour livrer 25 bœufs ou vaches, et il fait prendre
16,500 litres de vin dans les caves royales saxonnes.

Le 29, à huit heures du soir, il assemble le conseil
de défense pour délibérer sur les moyens à employer
pour prolonger encore la défense jusqu'au terme le
plus éloigné possible. Après avoir entendu la lecture
de tous les paragraphes du chapitre IV, du décret du
24 décembre 1811, chacun des membres du conseil
est appelé à donner son avis sur l'objet de la séance,
1° sous le rapport du service qui lui est confié; 2° en
embrassant tous les éléments de la défense. L'ordonnateur Brevet fait connaître la situation des magasins.
Il en résulte que, dans la supposition d'un effectif de

11,500 hommes, et après avoir prélevé la réserve destinée aux hôpitaux, il y a encore des vivres-pains pour
dix-neuf jours à 18 onces la ration, et qu'il ne reste
que pour six jours de viande salée. Consulté sur la
composition de la ration qu'on doit adopter pour prolonger les vivres le plus possible sans s'exposer à une
perte trop forte dans le nombre d'hommes actuelle-
ment sous les armes, l'inspecteur général du service
de santé envoie par écrit son avis, disant qu'on ne
peut rien retrancher de la ration actuelle de pain, et
qu'il serait même avantageux de la porter à 20 onces.

Le service de l'artillerie donne toute sécurité pour
la défense de la place. Suivant le colonel du génie Novilars, le fort Mahla, les lunettes et la tête de pont
étant fraisés et palissadés, sont hors d'insulte; et bien
que le nombre des combattants soit rigoureusement
insuffisant pour border les remparts de la place, ce
qui vient de se passer au fort Zinna montrant ce que
peut l'audace contre l'ennemi auquel on a affaire, cet
officier est d'avis que tous les ouvrages exigent de la
part de l'ennemi des attaques régulières.

M. le général Brun ne partage pas l'opinion du colonel Novilars, qui tendrait à établir en principe, qu'une
enceinte non revêtue, non fraisée, dont les fossés pleins
d'eau peuvent être gelés, est à l'abri d'un coup de
main. Mais la chance d'être enlevé d'emblée lui paraît
une des chances qu'on doit courir à la guerre; et il
croit que, tant que l'ennemi ne poussera pas ses travaux plus vigoureusement, la fin des moyens de subsistance de la place doit seule déterminer le terme de
la défense. Passant ensuite à la manière dont sont
nourris les soldats, il fait observer que leur faiblesse
les rend toujours très susceptibles d'être attaqués de

l'épidémie et qu'il serait imprudent de réduire la ration de pain au-dessous de 18 onces.

Ce taux reste adopté. Le gouverneur ordonne d'abattre et de saler de nouveaux chevaux pour servir à la nourriture de la garnison; il requiert toute la farine qui peut se trouver chez les habitants. Le conseil de la ville fait connaître à combien peu se réduisait la quantité de farine qui pouvait se trouver dans quelques maisons et chez les boulangers; que c'était toute la ressource de la ville, qui comptait encore 4,300 habitants, et que cette ressource même était partagée par la garnison. Il n'y avait plus d'animaux domestiques dans les maisons; la viande de cheval même devenait rare. Toute distribution de fourrage avait cessé depuis le 22.

Le 20 le gouverneur rouvre les négociations avec le comte Tauentzien. Pendant le temps qu'elles durent, il s'attache à faire observer strictement les mesures de police qui sont prescrites par les ordonnances sur le service des places. Par ses ordres du jour, il rappelle que sous aucun prétexte il n'est permis de communiquer avec l'ennemi; il recommande la tenue militaire à tous les employés; il crée, sous la présidence du colonel Danlion, une commission militaire chargée de juger les individus prévenus de vol ou de pillage, ou qui parleraient de se rendre.

Le 23 et le 24, il fait passer une revue des hommes un à un, qui donne les résultats suivants :

	Officiers.	S.-off. et sold.
Etat-major et gendarmerie,	101	36
Artillerie,	66	1124
Génie,	16	446
Ouvriers militaires de la marine,	33	677
1er bataillon de Torgau,	21	254
1er régiment,	36	341
2e —	62	760
3e —	36	411
4e des équipages militaires,	20	612
Cosaques polonais,	4	95
Non-combattants,	300	966
Malades et blessés le 24 au soir,	89	2994
	784	8716

Total général,   9500

Retranchant ce nombre de 24,650, force de la garnison au 21 octobre, il vient 15,150, qui serait la perte que la garnison aurait faite depuis cette époque, ce qui comprend les Hessois et Wurtzbourgeois sortis de la place, le 24 novembre, au nombre d'environ 1,150; retranchant ce dernier chiffre, il resterait 14,000 hommes pour la perte réelle faite dans l'espace de deux mois. Les registres de mortalité donnent 14,365. Ce résultat est encore au-dessous de la vérité par les raisons qui ont déjà été dites. Il accuse quelque erreur en plus dans la revue des 23 et 24 décembre.

Enfin le 25, veille du jour où la capitulation doit être signée, le gouverneur convoque une dernière fois le conseil de défense. Le colonel Bernard émet le premier une opinion ainsi conçue (1) : « Les hommes se reposant depuis plusieurs jours, leur moral s'est amélioré, leur physique a dû y gagner. On est donc auto-

_____

(1) Réponse de M. le comte Molé à une lettre de M. le général Du Taillis.

risé à espérer d'eux, aujourd'hui 25 décembre, un effort plus grand encore que l'on ne pouvait l'espérer le 19 décembre. A cette dernière époque, les hommes étaient fatigués, exténués; aujourd'hui le repos a dû donner aux défenseurs plus de force physique et plus de force morale. Ma conscience me porte donc à croire que si au 19 décembre on leur a donné 18 onces de pain, on peut, pendant les derniers jours de notre situation, diminuer cette ration, sans qu'il en résulte de pertes sensibles ni de découragement parmi eux. Mon opinion est que l'on tiendrait plus long-temps la place de Torgau aux armes de Sa Majesté, et que nous saisirions une heureuse occasion de lui montrer notre dévouement en défendant notre poste à outrance, en courant toutes les chances de la guerre, et en nous sacrifiant tous pour l'honneur de ses armes. »

Les généraux Devaux et Lauer opinent pour laisser la ration telle qu'elle est.

M. le général Brun, absent pour maladie, mais connaissant l'objet de la séance du conseil, envoie son opinion ainsi conçue : « J'ai voté dans la séance du 19 de ce mois pour que la ration fût réduite à 18 onces, parce que les fatigues du bombardement et l'attitude constamment menaçante de l'ennemi avaient mis la plus grande partie de la garnison sur le grabat, et que nous étions menacés de manquer d'hommes plutôt que de vivres. Mais aujourd'hui que le terme de notre défense s'approche, et que les soldats se trouvent un peu reposés par suite de l'espèce de suspension d'armes qui a eu lieu pendant dix jours à l'occasion des négociations, je ne vois aucun inconvénient, et je désire même que la ration de pain soit réduite à 15 onces, et postérieurement à 12. »

Le général Bouchu, le général Durrieu et le colonel Novilars sont pour la réduction de la ration à 15 onces.

L'ordonnateur Brevet et le sous-inspecteur aux revues Boussac, secrétaire du conseil, sont d'un avis contraire.

Le 26 la capitulation est signée à Woelsau par le général Brun de Villeret pour le gouverneur, et par le général de Jeanneret et le major Puttkammer pour le général en chef ennemi. En voici les conditions réduites à leurs moindres termes :

Art. 1ᵉʳ La forteresse de Torgau, ses forts et tout le matériel qui en dépend, seront remis aux troupes de sa majesté prussienne.

Art. 2. La garnison sortira de la place le 10 janvier avec tous les honneurs de la guerre par la tête de pont. Elle mettra les armes en faisceaux sur les glacis, et sera prisonnière de guerre jusqu'à échange.

Art. 3. Elle sera conduite en Silésie. Les malades et les convalescents qui restent à Torgau y seront aussi conduits à mesure qu'ils seront rétablis.

Art. 4. Les généraux et tous les officiers conserveront leurs épées, leurs bagages et leurs chevaux; les sous-officiers et soldats leurs havresacs.

Art. 5. Les sous-officiers et soldats membres de la Légion-d'Honneur conserveront leurs sabres.

Art. 6. Les officiers et soldats amputés, ou que des blessures ou des infirmités mettent hors d'état de servir, ne seront pas prisonniers de guerre. On leur fournira les moyens de transport pour rentrer en France.

Art 7. Le gouverneur s'engage à assurer la subsistance des malades qui resteront à Torgau pendant les huit jours qui suivront l'évacuation de la place. Passé ce terme, ils seront au compte du gouvernement prussien. Les médecins, pharmaciens et infirmiers français qui resteront pour soigner les malades, seront considérés comme non combattants, et renvoyés en France lorsqu'on n'aura plus besoin de leurs services.

Art. 8. Sur la demande du comte de Tauentzien, en considération de l'épidémie qui règne à Torgau, il sera passé une revue de santé de la garnison pour en faire trois détachements qui évacueront la place en trois convois distincts ; le 1er des hommes bien portants, le 2e des convalescents, le 3 des malades à l'hôpital. Le barons Desgenettes et le docteur Grafe, chirurgien-général de l'armée prussienne, prendront les mesures nécessaires pour empêcher la contagion.

Art. 9. Le monument érigé au comte de Narbonne sera conservé et respecté comme un gage de l'estime générale qu'il s'est acquise (1). Le bastion dans lequel il se trouve portera le nom du comte.

Art. 10. Le gouverneur prendra les mesures nécessaires pour le maintien de l'ordre et la conservation des munitions qui sont dans la place, jusqu'au départ des troupes. Le 9 janvier, les troupes prussiennes occuperont la porte de Wittenberg et le poste du pont de l'Elbe. Le 7, deux commissaires prussiens entreront dans la place pour prendre en consignation les effets et magasins de la place d'après les inventaires qui en auront été dressés.

Art. 11. Les officiers de tout grade auront droit au logement et au traitement des officiers prussiens des

(1) Le monument en marbre élevé sur la tombe du comte de Narbonne a été exécuté d'après le dessin du lieutenant du génie Molina, aujourd'hui major et directeur des études à l'Académie militaire de Turin. Nous rappelons ici avec plaisir le nom d'un ancien camarade. Attaché momentanément, pendant la bataille de Dennewitz, à l'état-major du maréchal Ney, M. Molina avait été blessé et était resté à Torgau.

grades correspondants qui sont à demi-solde. Les sous-officiers et soldats seront traités jusqu'à l'échange comme les soldats prussiens.

Art. 12. La présente capitulation n'aura son effet qu'après l'évacuation de la place. Si avant ce temps la garnison était secourue, ou si les puissances belligérantes faisaient un traité entre elles, la place ne serait pas considérée comme ayant capitulé, et le gouverneur serait libre de prendre le parti qu'il jugerait le plus avantageux au service de Sa Majesté l'empereur.

Art. 13. La ratification de la présente capitulation aura lieu dans les vingt-quatre heures, et immédiatement après le fort Mahla et la lunette Repitz seront livrés aux troupes prussiennes.

Art. 14. Le gouverneur est libre de faire porter à Sa Majesté l'empereur la présente capitulation par un officier supérieur ou autre, qui pourra rester en France.

Art. 15. S'il s'élevait quelques difficultés sur des articles de la présente capitulation, elles seraient interprétées dans le sens le plus favorable à la garnison.

Articles additionnels.

1. Tous les non-combattants, savoir : inspecteurs aux revues, ordonnateurs, commissaires des guerres, médecins, pharmaciens, chirurgiens, payeurs de la trésorerie, employés et sous-employés de l'administration, domestiques patentés, seront autorisés à retourner en France avec leurs effets et les chevaux affectés à leurs emplois respectifs. Ceux qui sont assimilés aux officiers conserveront leurs épées.

2. Tous les papiers relatifs à la comptabilité et à

l'administration de l'armée pourront être conduits en France. Les officiers payeurs et vaguemestres des corps seront compris dans l'article premier, mais sous condition de ne point servir jusqu'à leur échange.

3. Les voitures appartenant à des généraux, à des officiers supérieurs, ou à d'autres fonctionnaires absents, et que les événements de la guerre ont fait entrer dans la place, seront dirigées vers la France, sous la conduite des secrétaires ou domestiques qui en seront chargés.

4. Il ne sera accordé, en route, de ration qu'aux individus désignés ci-dessus qui la reçoivent comme soldats. Les autres recevront le logement sèulement.

5. Il sera formé des non-combattants rentrant en France un ou plusieurs convois, que le comte Tauen·tzien s'engage à faire escorter, et dont personne ne pourra s'écarter, quel que soit son rang.

Fait à Woelsan, le 26 décembre 1813.

Signé, BRUN DE VILLERET, JEANNERET, général - major ; DE PUTKAMMER, major.

Accepté et ratifié la présente capitulation.

Signé le général d'infanterie, comte TAUENTZIEN.

Vu et ratifié les articles additionnels ci-dessus.

Signé, le général comte DU TAILLIS.

En exécution de l'article 8, les médecins Desgenettes et Richter arrêtent, chez le général Brun, immédiatement après la signature de la capitulation, les dispositions suivantes, rapportées par M. Desgenettes dans sa correspondance : 1° que les hommes évidemment bien portants seraient assujettis à trois jours d'observation en sortant de la place ; 2° les hommes d'un état de santé moins certain, à six jours ; 3° les hommes suspects de mauvaise santé, à neuf jours; 4° que les troupes prussiennes n'entreraient dans aucune caserne et n'occuperaient aucun hôpital sans un nettoiement préalable, la destruction des paillasses et des fumigations de Morveau de 24 à 36 heures. Suivant l'avis des docteurs, les maladies qui avaient régné dans la place, entre autres le typhus de diverses espèces, sans cependant s'être élevé au plus haut degré d'intensité, exigeaient ces précautions.

Conformément à ce qui avait été convenu dans les conférences du 15 décembre entre le comte Tauentzien et le général Brun, l'article 2 de la capitulation portait que la remise de la place aurait lieu le 5 janvier. Le 4, le gouverneur reconnaît qu'il y avait encore des vivres pour six jours; il assemble les généraux. Ils se récrient unanimement sur le déshonneur qui rejaillirait sur eux d'une reddition consentie avant d'avoir épuisé les dernières ressources de la place (1). Le général Brun sort de Torgau pour demander au général ennemi de consentir au changement du terme de l'évacuation. Il lui expose franchement la situation de la garnison, mais en même temps il lui déclare que c'est un parti pris par le gouverneur de tenir jusqu'à la consommation de la dernière ration de pain. Le comte Tauentzien se montre généreux; il consent au délai qui lui est demandé, sans faire de changement aux conditions avantageuses qui avaient été stipulées pour les non-combattants et les militaires invalides. Malheureusement il ne soutint pas ce caractère.

Du 27 au 10 janvier.

En conséquence de la capitulation qui avait été si-

_____

(1) Nous puisons ce fait, si honorable pour les défenseurs de Torgau, dans une lettre particulière de M. le général Brun.

gnée, le fort Mahla et la lunette Repitz sont, dès le 27, remis avec leur artillerie aux troupes prussiennes. Immédiatement après, le comte Tauentzien dirige sur Wittenberg son artillerie de siége et une partie de son corps d'armée.

L'époque de l'évacuation étant encore assez éloignée, le gouverneur juge avec raison devoir tenir secrète la capitulation pendant quelques jours; mais le 29, il prévient verbalement le secrétaire du conseil qu'une capitulation a été consentie et signée, et il fait clore et arrêter en sa présence le registre des délibérations du conseil, à telle fin que rien ne soit ajouté ni retranché; formalité nécessaire, comme conséquence des lois et règlements sur la défense des places.

Pour gagner le 10 janvier, le gouverneur fait subir à la ration de vivres de nouvelles réductions. Le 1ᵉʳ et le 2 janvier elle est comme précédemment, de 18 onces de pain, de 8 onces de viande de cheval fraîche, de 2 onces de riz ou de 4 onces de légumes secs et de 1/20 de vinaigre. Le 3 et le 4, elle est alternativement de 15 onces de pain ou de 12 onces de biscuit, de 4 onces de viande salée, 2 onces de riz, 1/20 de vinaigre. A compter du 3, les distributions d'eau-de-vie qui étaient faites aux canonniers, aux sapeurs et à quelques autres militaires, n'ont plus lieu. Le 5, la ration est de 12 onces de biscuit, 3 onces de cheval salé, 2 onces de riz et 1/16 d'eau-de-vie. Enfin, pendant les quatre derniers jours, la ration de viande est de 4 onces de cheval frais.

Faute d'argent monnayé, le gouverneur ne peut faire payer aux sous-officiers et soldats, et aux employés et sous employés de l'administration, la solde de décembre et des dix premiers jours de janvier, mais au moyen des traites sur Paris, il aligne la solde des officiers jusqu'au 31 décembre, et celle des officiers-généraux jusqu'au 10 janvier. Enfin, par une prévoyance très louable, avant de quitter la place, il fait un fonds de 45,000 fr. pour pourvoir aux besoins accidentels des hôpitaux et assurer la solde de ceux qui y restent.

Le 10, la garnison sort de la place par la tête de pont avec les honneurs de la guerre, et après avoir déposé les armes, elle passe l'inspection des médecins prescrite par l'article 8 de la capitulation. 250 hommes qui ne paraissaient pas en santé rentrent dans la place. Les troupes se rendent ensuite à Dœhlen, et après y avoir séjourné 24 heures, elles continuent leur route. 197 hommes rentrent encore à Torgau.

Pour avoir le nombre d'hommes qui déposèrent les armes le 10 janvier, nous ferons le calcul suivant:

	Officiers.	S.-officiers et soldats	Total.
Force de la garnison au 24 déc.	784	8716	9500
Morts du 24 décemb. au 10 janv.	1	1165	1166
Reste	783	7551	8334
De ces totaux, il faut déduire : 1° les blessés et les malades qui restèrent dans la place.	55	3133	3188
	728	4418	5146
2° Les médecins et employés d'administration qui restèrent avec les malades.	28	221	249
	700	4197	4897
3° Les non-combattants qui devaient rentrer en France.	280	371	651
Force de la garnison conduite en Silésie.	420	3826	4246

En se servant des registres de mortalité pour faire ce

calcul, on trouve des nombres inférieurs qui parais-
sent plus exacts.

L'article 6 et tous les articles additionnels de la capitulation ne reçoivent pas d'exécution. M. Tauentzien
s'appuie sur les faits suivants pour violer la capitulation. Étonné de ne trouver que 8 à 9,000 fusils dans
une place qui avait renfermé 20,000 hommes, il sup-
pose que les armes ont été détruites ou jetées dans l'Elbe;
à la première étape sur la route de France, il suspend
la marche des non-combattants et des militaires invalides, et ordonne qu'ils soient traités comme prisonniers de guerre. Aucun ne rentre en France. Les fusils
des hommes frappés de mort subite dans la tête de
pont avaient en effet été jetés dans l'Elbe à l'insu du
gouverneur. Tel est le fait isolé, porté par les Saxons
à la connaissance de l'ennemi, qui suffit pour déterminer sa conviction. Les protestations du général
Brun, chargé de veiller à l'exécution de la capitulation, furent vaines.

Sans vouloir discuter si, tant que la capitulation
n'est pas signée, le gouverneur ne peut pas faire détruire des armes, nous ferons remarquer qu'il était
facile à l'ennemi de s'assurer par les états de situation
qu'il ne devait recevoir que 9,000 fusils au plus. Au
20 octobre (1), il n'y avait dans la place que 13,609 sous-
officiers et soldats *français*. Si de ce nombre on déduit
comme non armés les soldats des équipages militaires, les convalescents aux dépôts, partie des sous-
officiers et les soldats du train de l'artillerie et du gé-
gie, on trouvera à peu près 9,000. Nous ne comptons

(1) Voir, page 20.

point les armes des blessés et des malades évacués de Dresde et de Meissen , ils n'en avaient pas, ni celles des Hessois et Wurtzbourgeois , que le gouverneur, par un excès de loyauté peut-être blâmable , mais conforme à la politique de l'Empereur envers ses alliés, avait renvoyés sans les désarmer.

Nous serons à regret obligé de revenir sur la conduite de M. Tauentzien envers le gouverneur.

§ VII.

Récapitulation des pertes éprouvées par la garnison et par la ville.

D'après le relevé , jour par jour, des registres de sépulture des hôpitaux compulsés par Bürger , et d'après l'état nominatif des officiers qui sont morts à Torgau , on a les résultats suivants :

	Officiers.	S.-officiers et soldats.	Total.
En septembre ,	9	1232	1241
En octobre,	14	4886	4900
Bn novembre,	16	7966	7982
En décembre ,	15	4544	4559
Du 1er au 9 janvier,	1	586	587
Totaux,	55	19214	19269
Sur les 3188 malades qui restèrent dans la place , il en mourut encore depuis le 10 janvier jusqu'au 25 avril , époque où l'hôpital fut supprimé ,			938
Total général,			20207

Ce nombre ne comprend pas les hommes morts dans les forts, sur les remparts, dans les rues, dans

les maisons particulières, sur la rive droite de l'Elbe
et en divers lieux.

Sur ce nombre, le chevalier Masnou ne compte que
760 blessés qui sont morts ; la plupart provenaient des
évacuations de Dresde ; car nous avons vu combien les
pertes faites à la défense de Zinna avaient été faibles.

Sur les 55 officiers, 13 sont morts de blessures , 15
du typhus et 27 de cours de ventre. Les officiers
étaient 2 généraux, le comte de Narbonne et le baron
Cacault; 8 officiers supérieurs, 19 capitaines et 26 lieutenants et sous-lieutenants.

Sur les 20,207 victimes , un tiers a péri du typhus ,
suivant le chevalier Masnou, et tous les autres ont suc-
combé au cours de ventre. Dès le mois de décembre,
le typhus avait beaucoup diminué. Les diarrhées con-
tinuaient à sévir et reprenaient les convalescents.

Quand on compare le petit nombre d'officiers qui
sont morts à celui des soldats qui ont péri, on est
frappé de l'influence immense qu'exercent sur la
santé des troupes les soins et la bonne nourriture.
C'est ainsi qu'on a reconnu que l'épidémie s'est moins
fait sentir sur les hommes de l'artillerie, du génie et
de la marine , parce qu'indépendamment de ce qu'ils
étaient d'une meilleure constitution, ils avaient pu
aider à leur nourriture par le produit de leur travail
journalier.

Sur 5,000 habitants, la ville en perdit par la maladie 980, la plupart de 40 à 50 ans, et 2 seulement
par le feu de l'ennemi. Nous avons dit où ils se tenaient
pendant le bombardement. Toutefois, il restait dans
chaque maison quelques personnes qui veillaient et
qui avertissaient les propriétaires et leurs voisins
quand un projectile avait mis le feu dans leurs maisons.

On l'éteignait à l'instant si l'on pouvait. Il tomba environ 7,500 bombes ou obus dans la ville; 17 maisons furent brûlées, et 200 plus ou moins endommagées. Le dégât s'est élevé à 800,000 fr. environ, d'après l'évaluation qui en a été faite, en y comprenant même la partie restante du faubourg de Dresde qui fut démolie. Il n'en reste plus aucune trace aujourd'hui.

§ VIII.

Sanification de Torgau. — Conduite de l'ennemi. — Enquête sur un trésor qu'on disait être dans la place. — Vexations auxquelles sont en butte le gouverneur et le général Brun. — Rapport du colonel Bernard.

Le premier soin des autorités saxonnes fut de trouver les moyens d'éteindre l'épidémie qui régnait encore dans la ville. Ce fut l'ouvrage d'une commission de santé à la tête de laquelle était le docteur Richter. Son activité fut couronnée du succès. Le principal objet auquel elle consacra son attention fut la propreté de la ville et des maisons particulières; toutes furent visitées pour s'assurer si elles renfermaient des morts ou des malades ou des effets d'infirmiers. Les morts furent sur-le-champ ensevelis et les effets d'hôpitaux brûlés. Les maisons qui avaient reçu des malades étaient remplies d'immondices à un point incroyable. On cite une maison d'où l'on en retira 45 mètres cubes, au milieu desquels étaient quelques cadavres. Ce ne fut que vers le milieu de mars que la ville se trouva être dans l'état de propreté désirable pour la salubrité.

L'évacuation des hôpitaux présenta aussi des difficultés. On établit d'abord dans le haras de Répitz un hôpital qui reçut les demi-convalescents et les ma-

lades qui pouvaient être transportés ; on mit tous les
autres dans le château. On brûla ensuite le mobilier
et tous les effets des hôpitaux, et l'on en fit nettoyer
les chambres par quarante condamnés de la maison
de Lichtenburg. On blanchit les murs à la chaux, on
releva les planchers, etc.

Plus tard, les mêmes hommes employés à nettoyer
les cours et les latrines de l'hôpital du château, furent
atteints du typhus le plus grave, quoiqu'ils n'eussent
pas mis les pieds dans les salles des malades, et dans
un temps où il n'existait plus à l'hôpital un seul malade attaqué du typhus.

Les troupes prussiennes entrèrent dans la place le
même jour que la garnison en sortit, mais elles n'y pri-
rent pas de quartiers ; elles se bornèrent à occuper les
ouvrages extérieurs. Il était défendu aux soldats de
s'arrêter dans les rues et d'entrer dans les maisons.
On n'aurait pas observé plus de précaution à l'égard
de la ville si la peste y avait régné.

Une commission qui, dès le 8 janvier, avait été chargée
de prendre en consignation tout le matériel de guerre
qui se trouvait à Torgau, somma les habitants de livrer fidèlement dans les 24 heures les effets militaires
de toute espèce ayant appartenu à l'armée française,
dont ils seraient détenteurs, sous peine de passer devant un conseil de guerre, et d'être, suivant les cas,
désignés publiquement et partout comme indignes du
nom allemand. La commission, dit Bürger, avait beaucoup à faire, parce que dans les derniers jours du siège
les soldats français avaient vendu quantité d'effets de
toute espèce. Le général Schuler de Senden, gouverneur, voulut bien accorder un délai de trois jours pour
faire ce recouvrement, passé lequel les mesures les

plus sévères seraient prises contre les habitants, les considérant comme plus partisans des Français que des Allemands. Ce soupçon qui était alors général a duré jusqu'au temps actuel. Sans craindre d'encourir aujourd'hui ce reproche, tous ceux qui vivent encore, dit Bürger, et qui étaient à Torgau en 1813, peuvent déclarer que la garnison française et nommément les divers gouverneurs n'ont commis aucune exaction, et que la ville n'a souffert que les maux qui étaient inséparables des circonstances ; que même dans la disette de vivres, ils n'ont exercé aucune réquisition pour se procurer par la force les provisions que les habitants avaient faites.

L'arrivée à Torgau du grand quartier-général de l'Empereur donna lieu à un bruit qui s'était répandu en Allemagne, avant la reddition de la place, qu'il y avait à Torgau un trésor de plusieurs millions. Ne trouvant pas ce trésor sur lequel on avait fait des promesses, fondé des espérances, on dit qu'il avait été enfoui. Le général Brun et le comte Du Taillis déclarèrent au général en chef ennemi, sur leur honneur, lors de la capitulation, que ce bruit n'avait pas de fondement ; que le trésor de Napoléon ne quittait pas ses équipages qui étaient conduits par sa livrée; qu'aucune livrée de l'Empereur n'était entrée à Torgau ; que le trésor de l'armée s'était séparé du grand quartier-général et était allé à Leipsig; enfin qu'il n'était entré dans la place avec de l'argent que les fourgons de la trésorerie dont il a été fait mention. Le public allemand n'étant pas convaincu, la commission fit insérer, le 17 janvier, dans la *Gazette de Leipsig*, une déclaration officielle, portant, qu'elle avait fait l'examen le plus détaillé de tout ce qui avait été laissé à Torgau

par l'armée française, et que ce qui avait donné nais·
sance au bruit qui s'était répandu, était l'arrivée dans
la place, le 20 octobre, de plusieurs fourgons sur lesquels étaient écrits ces mots : *trésor impérial*; que la
plupart de ces fourgons étaient vides, que tout l'argent
contenu dans un petit nombre avait été versé par les
ordres de M. de Narbonne dans la caisse de l'armée, et
montait à la somme que nous avons fait connaître, et
qui ne suffit pas, comme on l'a vu, pour payer la solde
à la garnison jusqu'à la fin du siége.

Il semble qu'après cette enquête et avoir annulé la
capitulation qu'il avait signée, le général ennemi n'eût
plus dû conserver de ressentiment contre les généraux
français. Il n'en fut pas ainsi. En deux mois, on avait
repêché dans l'Elbe *près de mille fusils*. M. Tauentzien
ne put croire qu'un pareil nombre d'armes, si utiles à
la défense, eût été jeté dans le fleuve par la volonté
du simple soldat, sans l'aveu du chef et sans sa connaissance. Il rappela au général Brun qu'en accordant
à la garnison une capitulation honorable et avanta-
geuse, il était convenu qu'on ne détruirait pas d'armes
dans la place. Le 12 mars, il fit mettre en arrestation,
à Berlin, le comte Du Taillis et le général Brun. Conduits à Leipsig, ces généraux y furent détenus au secret
et comparurent devant des commissaires qui leur de-
mandèrent compte des armes de la garnison. Leurs
déclarations furent conformes à l'honneur. Ramenés
à Berlin, ils continuèrent à être sous la garde de gendarmes. Ce ne fut que dans le mois de mai, qu'en
vertu d'ordres précis venus de Paris, après que les alliés y étaient entrés, ils furent mis en liberté. Le général Bouchu éprouva une semblable vexation.

Nous ne saurions mieux terminer cette relation

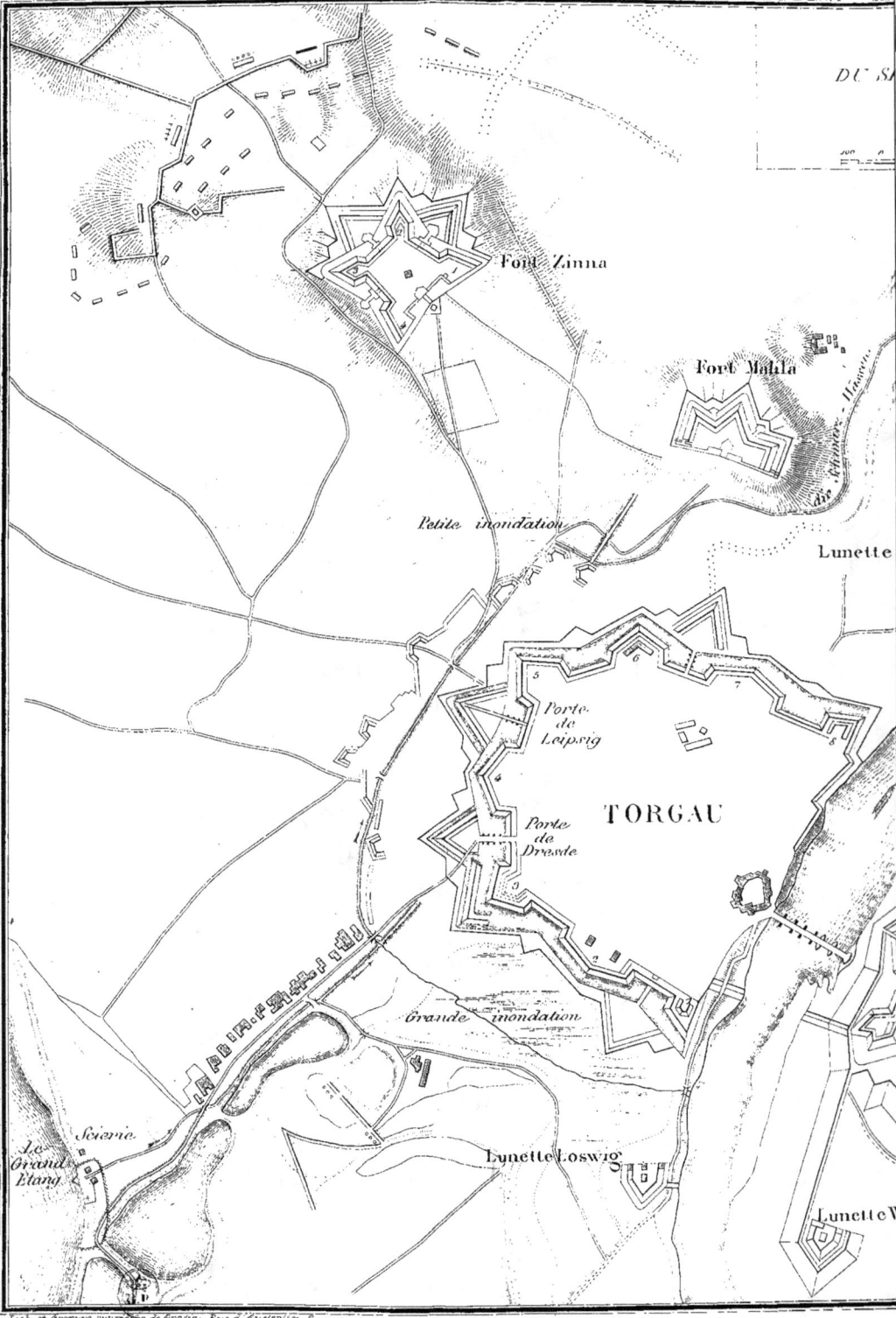

Fort Zinna

Fort Mahla

Petite inondation

Lunette

Porte
de
Leipsig

6

5

7

4

Porte
de
Dresde

3

TORGAU

Grande inondation

Scierie

Le Grand Étang

Lunette Loswig

Lunette W

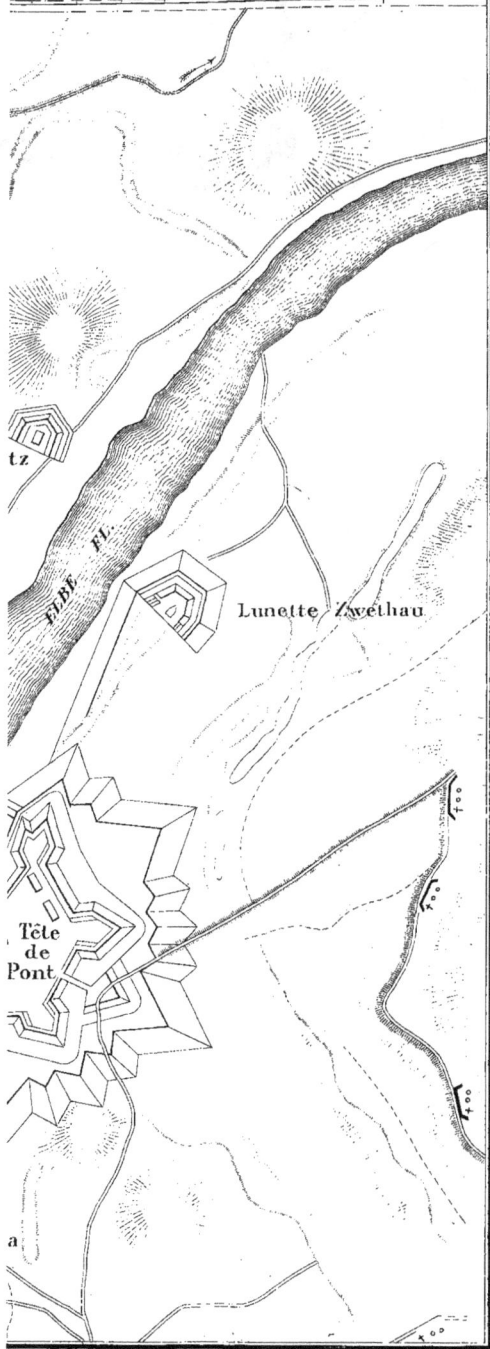

PLAN

DE TORGAU PAR LES PRUSSIENS,

en 1813.

Echelle au 12,000.ᵉ

500   1000 mèt.

tz

ELBE FL.

Lunette Zwethau

Tête
de
Pont

a